커플을 위한
해결중심대화

—— 우리 어떻게 만났죠? ——

The original English language work:
Solution Building in Couples Therapy, First Edition
ISBN: 9780826109590
by Elliott Connie MA, LPC
has been published by:
Springer Publishing Company
New York, NY, USA
Copyright ⓒ 2012. All rights reserved.

Korean Translation Copyright ⓒ 2021 by Hakjisa Publisher, Inc.
The Korean translation rights published by arrangement with
Springer Publishing Company.

본 저작물의 한국어판 저작권은
Springer Publishing Company와의 독점계약으로 (주)학지사가 소유합니다.
저작권법에 의해 한국 내에서 보호를 받는 저작물이므로
무단 전재와 무단 복제를 금합니다.

Solution Building in Couples Therapy

커플을 위한
해결중심대화

―― 우리 어떻게 만났죠? ――

엘리엇 코니 저 | 최중진 역

역자 서문

이 책은 부부와 커플 등 친밀한 관계에 있는 두 사람에게 해결중심치료를 적용한 풍부한 사례를 통해 견고한 실천적 근거를 제공합니다. 부부와 커플은 가족상담을 통해 다룰 수 있는 내담자 집단이지만 친밀한 두 사람 간의 관계라는 특수한 역동의 측면에서 가족상담과는 또 다른 접근이 필요하기도 합니다. 부부 및 커플을 대상으로 한 치료적 접근에 대한 관심에 비해 이들을 효과적으로 다룰 수 있는 실용적 정보를 제공하는 실천 서적은 매우 드문 형편입니다. 이러한 측면에서 이 책은 부부와 커플을 대상으로 해결중심치료를 적용하고자 하는 실천가들에게 훌륭한 자원이 될 수 있을 것입니다.

해결중심치료는 귀납적으로 개발되었습니다. 이러한 특성으로 해결중심치료는 지금도 변화와 발전을 거듭하고 있습니다. 2018년에 해결중심치료학회에서 주최한 추계워크숍에서 Johnny S. Kim은 미국과 유럽의 해결중심치료자들을 중심으로 활용되는 해결중심치료의 '제2버전'에 대해 언급한 바 있습니다. 이때 국내 실천가들은 이에 대한 강한 의구심을 표했습니다. 그의 말은 우리가 알고 있는 Steve de Shazer와 Insoo Kim Berg의 해결중심치료가 일종의 '구' 버전이 되었다는 것을 의미하는 발언이었기 때문입니다. 개인적으로 받아들이기 힘든 부분이 있었지만 최근의 연구와 실천 경향을 살펴볼 때, 해결중심치료 캠프 내에서 많은 변화가 일고 있는 것도 부인할 수 없는 현상입니다. 이 책의 저자인 Elliott Connie는 이러한 변화를 이끌고 있는 미국의 대표적인 실천가 중 한 명입니다. 그는 영국의 해결중심치료 클리닉인 BRIEF에서 Chris Iveson, Harvey Ratner 그리고 Evan Geroge 등에게서 훈련을 받았고, 이후 자신만의 방법을 더욱 발전시키고 있습니다.

이 책에서 Connie는 부부 및 커플과 효과적인 상담을 진행할 수 있는 다양한 방법을 제시합니다. 특히 사례를 중심으로 한 전개는 실천가들에게 큰 도움이 될 것입니다. 그럼에도 저는 Connie의 접근이 해결중심치료의 중심철학을 실천으로 옮길 수 있는 여러 가지 접근 중 하나라는 것을 강조하고 싶습니다. 이 책에서 저자는 해결중심치료의 치료적 메커니즘으로서 '해결대화'를 극대화할 수 있는 방법을 제안합니다. 내담자의 해결에 더욱 집중하는 그의 간결한 접근은 어떤 면에서 지나치게 단순해 보이기도 합니다. 그럼에도 이러한 방법은 저자와 내담자들에게 효과적이었습니다. 이 책이 세계 10여 개국 이상에서 다양한 언어로 번역되었다는 것은 이러한 효과를 반증하는 것으로 볼 수 있습니다. 저도 이 책을 국내 실천가들에게 소개할 필요를 느끼며, Connie의 접근이 우리의 문화에서도 효과적인지 여러 실천가와 함께 확인해 보고 싶습니다. 책이 저자의 손을 떠나면 나머지는 독자의 몫이라는 말이 있습니다. 미국적 상황에서 쓰인 이 책이 국내 해결중심실천가들에게 다양한 방식으로 읽히고, 수정되어 적용되고, 또 역자와 저자에게 피드백이 전달되는 선순환적 환류 과정에 합류하길 기대합니다.

이 책이 나오기까지 도움을 주신 분들이 계십니다. 학지사의 김진환 사장님과 편집을 맡아 주신 민신태 부장과 최주영 과장께 감사드립니다.

2021년 4월
역자 최중진

차례

● 역자 서문 _ 5

/ 시작하며 / _ 13

해결중심상담이란? • 27

해결중심상담의 원리 _ 30
커플과 함께 해결구축하기 _ 37
해결중심상담은 어떻게 다른가? _ 48

1단계: 목적지 정하기 • 55

효과적인 '가장 바라는 희망'의 조건 _ 60
'가장 바라는 희망'의 설정을 위한 상담자의 역할 _ 63
런던에서 길을 잃었던 경험 _ 65
도울 수 있는 단 한 번의 기회: 사례 _ 68

2단계: 커플과의 연결 • 75

    커플과의 연결을 위한 상담자의 역할 _ 84
    존과 스테이시 _ 88

3단계: 허니문 대화 -커플의 성공적인 과거 살피기- • 93

    커플의 성공적인 과거 탐색을 위한 상담자의 역할 _ 102
    두 분은 어떻게 만나셨나요? _ 104
    성공에 대한 기여 인정하기 _ 106
    말로 표현하기 _ 109
    해결중심 옷장 _ 111
    벼랑 끝에서 돌아오기 _ 112
    예외 찾기 _ 115

4단계: 더 나은 내일 그리기 • 121

    단순함 _ 133
    원하는 미래를 향한 상담자의 역할 _ 135
    잘 표현된, 꿈꾸는 미래 _ 136
    레이첼과 레이 _ 142
    "잘 모르겠어요"라고 말하는 커플 _ 145

5단계: 원하는 미래의 기준 정하기 • 151

    척도의 구성 _ 157
    척도질문의 예 _ 160

6단계: 마무리 -치료적 휴식, 피드백과 제안- • 171

치료적 휴식 _ 178
피드백 제공 _ 180
제안 _ 183

후속 회기: 첫 회기 이후 무엇을 할 것인가 • 189

1단계 변화의 신호를 발견하기 _ 193
2단계 진전의 신호를 확대하기 _ 199
3단계 현재 척도의 어디에 계신가요? _ 204
4단계 원하는 미래를 발전시키기 _ 208
5단계 피드백과 제안 _ 209

질문: 의미 있는 반응을 이끌 수 있는 질문 만들기 • 213

질문 만들기 _ 216
커플이 자신들의 최선에 대해서 말할 수 있도록 초대하기 _ 219
질문상대 선택하기 _ 221
제삼자 질문 _ 222
어려운 커플에게 질문하기 _ 223
가정적 언어로 질문 만들기 _ 224
다양한 해결중심질문의 예 _ 225
다음 단계로 나아가기 _ 233

/ 마치며 / _ 237

- 참고문헌 _ 245

새로운 치즈를 즐겁게 먹는 상상만으로도 나는 벌써 그것에 이끌린다.

— 스펜서 존스

시작하며

이 책에 대한 생각은 내가 첫 직장에서 상담사로서 직무를 맡은 후 바로 떠올랐습니다. 드디어 내 사무실도 있고, 명함도 생기고, 또 그 직책에 따르는 여러 과시 요소들을 즐기고 싶었습니다. 그곳은 아동과 가족에 대한 상담서비스를 제공하는 곳이었는데 나는 비슷한 곳에서 인턴과정을 마쳤기 때문에 그곳은 내게 이상적인 곳이었습니다. 그러나 열정은 오래가지 못했습니다.

그 기관에서는 인테이크 코디네이터가 새로운 내담자에게 어떤 상담자가 가장 적절할지를 결정하는 역할을 했습니다. 그러다 얼마 되지 않아 내가 앞으로 보게 될 내담자 집단을 영원히 바꿀 만한 사례를 의뢰받았습니다.

나는 책상에 놓인 첫 사례에 대한 인테이크지를 보며 기대에 부풀었습니다. 적어도 그 사례가 커플(부부, 연인 등)임을 알기 전까지는 말입니다. '이건 뭔가 잘못된 게 틀림없어.'라고 생각했습니다. 왜냐하면 나는 커플과 상담하고 싶은 마음이 전혀 없었기 때문입니다. 아동전문기관이라서 일을 하고 싶었는데 커플을 내게 의뢰한 것은 완전히 잘못된 것이었습니다. 나는 코디네이터에게 그 커플을 다른 상담자에게 배정해달라고 정중히 부탁했습니다. 그러나 코디네이터는 그 커플이 남성 상담자를 요청했고 그 곳의 유일한 남자는 저뿐이었습니다. 나는 까다롭게 보이고 싶지도 않았고,

일도 잃고 싶지 않아 조용히 사무실에서 공황상태에 빠져 있었습니다.

당시 나는 커플과의 상담이 편치 않았습니다. 석사과정을 마쳤지만 주로 청소년과 가족을 상담하는 인턴과정에만 참여했을 뿐이었습니다. 때문에 나는 커플상담을 위한 준비가 전혀 되어 있지 않다고 생각했습니다. 그 커플을 다른 기관으로 의뢰하는 것에 대해서도 생각했으나 우리 기관은 무료로 상담을 제공하는 곳이어서 선택지는 그리 많지 않았습니다.

상담소장이 나를 자기 일도 못하는 무능한 사람으로 판단하길 원치 않았기 때문에 스스로를 격려하면서 '커플과의 상담이 다르면 얼마나 다르겠어.'라고 스스로 위안을 했습니다. 그리고 커플상담이 얼마나 어려운 일인지 말하던 다른 상담자들의 말을 머릿속에서 지우려 애썼습니다. 그리고 결국에는 내 운명을 받아들이기로 했습니다. 나는 그 커플에게 전화를 걸어 상담약속을 잡았습니다.

상담 날짜가 카운트다운하는 것처럼 다가왔습니다. 나는 그 상담이 두려웠습니다. 상담 날짜가 가까워오자 나는 스스로 최선을 다해 모든 것을 해 보자고 다짐했습니다. 해결중심상담을 내게 소개해 준 교수님을 만나 나의 고민에 대해서도 얘기를 나눴습니다. 항상 그랬듯 교수님의 말씀은 도움이 되었지만, 사실 교수님도 커플상담에 두려움이 있다고 말했습니다. 이제 내게 남아 있는 방법은 커플상담에 대한 예습을 하는 것뿐입니다. 나는 해결중심상담을 커플에게 적용한 책자와 학술자료가 많을 것이라고 확신했습니다. 그러나 현실은 그렇지 않았습니다. 몇 개의 학술연구 정도를 찾을 수 있었지만 내가 원했던 정보는 아니었습니다. 나는 멘토 교수님께 "누군가가 해결중심커플상담에 대한 책을 써야만 해요!"라고 불평을 했습니다. 그러자 교수님은 "그게 너일 수도 있지."라고 하셨습니다. 그때 나는 '교수님도 저렇게 틀릴 수가 있구나.' 생각했습니다. 하지만 지금 돌이켜 생각해 보면 처음 만났던 그 커플이 이 책을 쓰게 된 모든 과정의 시작이었습니다.

그 커플이 도착했을 때 나는 나의 모든 걱정을 접어놓고 그들에게 도움이 될 수 있도록 최선을 다하겠다고 다짐했습니다. 그러나 복도에서 마주친 커플의 모습을 보고서는 내 마음 속에 두려움이 다시 자리 잡기 시작했습니다. 대기실에는 30대 중반의 커플이 서로를 분노에 가득 찬 눈으로 응시하고 있었습니다. 내 사무실로 그들을 안내할 때 그들은 서로에게 한마디도 하지 않았습니다.

그들이 앉자 남편은 왜 상담에 오게 되었는지에 대해 자진해서 말했습니다. 부인의 외도로 더 이상 부인을 신뢰할 수 없다고 했습니다. 또한 부인을 감시할 수 있는 방법으로 부인의 이메일 계정에 대한 비밀번호를 원했습니다. 남편은 매우 화가 나 보였습니다. 부인도 마찬가지였습니다. 부인은 왜 자신이 그런 일을 저질렀는지, 또 왜 남편이 자신의 이메일 계정의 비밀번호를 알게 되면 안 되는지 설명했습니다. 나는 다음에 내가 한 말을 왜 했는지 알 수 없습니다. 아마도 커플의 대화에 너무나 동요되어 무슨 말을 해야 할지 몰랐을 겁니다. 시간은 벌써 15분이나 지났지만 나는 아직도 이들에게 나의 상담접근을 적용하지 못했습니다.

나는 해결중심상담에서 가장 중요하게 생각하는 질문인 "여기서 무엇을 이루길 희망하시나요?"와 같은 질문을 하지도 못했습니다. 나는 상담과정에 대한 통제를 잃었습니다. 그들에게 아무런 도움도 되지 못하고 있음을 느꼈습니다. 그리곤 "그런데 두 분은 어떻게 만나셨나요?"라고 질문을 했습니다.

그 커플의 반응은 놀라웠습니다. 분위기가 완전히 달라졌습니다. 남편은 웃으며, "당신이 말할래, 아니면 내가 할까?"라고 말했습니다. 그 질문은 그들을 웃게 만들었고, 나는 입이 벌어질 정도로 놀랐습니다. 무슨 일이 벌어진 것인지 확실하진 않았지만 그 순간 그들은 전혀 다른 사람이 되어 있었습니다. 그렇게 된 이유에 대해서는 잘 몰랐지만 그런 갑작스런 변화를 상담에 활용하기로 했습니다.

그래서 "오늘 함께 무엇을 이루길 희망하셨나요?", "이곳을 나가신 후 뭔가 도움이 되었다는 것을 어떻게 알 수 있을까요?", "부인(남편)은 뭘 하실까요?"와 같은 해결중심상담의 질문을 하기 시작했습니다. 질문에 대한 답은 풍성하고, 표현적이며, 희망적인 것이었습니다. 남편과 부인은 나의 질문에 번갈아 답하며 서로에 대해 좋은 말을 했고, 나는 그들이 서로에게서 긍정적인 말을 듣는 것이 아주 오래 전 일이었음을 알 수 있었습니다. 이런 일은 부인의 외도 이후 처음이었고, 그들의 관계는 여전히 희망이 있는 것으로 보였습니다.

상담을 마무리하며 나는 부인에게 다음 주에 그들의 관계를 더 좋게 하게 위해 남편이 할 수 있는 작은 일은 무엇일지에 대해 물었습니다. 부인은 자신이 침대에 누워있을 때 남편이 잠자리를 봐주길 원했습니다. 그 대답은 전혀 기대하지 못한 것이어서 나는 왜 그런지에 대해 설명해 달라고 할 수밖에 없었습니다. 부인은 깨끗한 시트가 자신에게 살포시 내려앉는 느낌이 육감적이기도 하고 또 편하게 느껴지기 때문에 좋아한다고 했습니다. 지난 몇 년간 남편은 자신의 잠자리를 봐주지 않았다고 했습니다. 남편에게 관계가 좋아지기 위해 부인이 할 수 있는 작은 일에 대해 묻기도 전에 남편은 부인이 원하는 것을 해줄 수 있다고 말했습니다. "그건 아주 쉽지, 내가 해줄 수 있어." 그리곤 그들은 다음 상담에 대한 약속을 잡았습니다.

그 커플이 상담실을 떠났을 때 무슨 일이 있었던 건지 확신할 수는 없었지만 좋았던 건 확실했습니다. 이 커플과의 상담이 너무 즐거웠고 다음 상담회기를 기다릴 정도였습니다. 그렇지만 다음 상담 일이 다가왔을 때 다른 생각이 떠올랐습니다. 나는 이 커플이 어떤 모습으로 나타날지 궁금했습니다. 사무실을 나갈 때 웃고 있던 커플, 아니면 대기실에서 만났던 분노에 가득 찬 커플? 안내 직원이 내담자가 도착했음을 알렸을 때 나는 첫 상담사례 기록지를 다시 읽고 있었습니다. 직원이 채 2분이 지나기도 전에 다시 내게 그들이 아직 기다리고 있음을 알렸고, 직원의 행동이 좀 불안해 보임을 눈치챘습니다. 몇 분 지나지 않아 직원이 직접 내 사무실로 찾아와 내담자가 기다리고 있음을 알릴 때 나는 뭔가 잘못되었음을 직감했습니다. 그러나 내가 대기실에 도착했을 때 본 장면은 좀 민망할 정도로 서로에게 사랑을 표현하고 있는 두 사람의 모습이었습니다.

'와, 정말 다른 한 주를 보낸 게 틀림없네.' 둘을 간신히 떼어 놓고 사무실에 들어왔을 때 나는 그들이 하는 말을 거의 믿을 수 없었습니다. 두 사람은 굉장한 한 주를 보냈다고 말했고, 두 사람 모두 이번이 마지막 상담일 것 같다고 말했습니다. 나는 뭐가 달라졌는지에 대해 물었습니다. 남편은 아내를 다시 신뢰할 수 있을 것 같다고 했습니다. 아내는 자신이 다시 사랑받고 있음을 느꼈다고 했습니다. 나는 '어떻게 한 주 만에 이런 일이 가능하지?'라는 생각을 했습니다. 그들에게 어떻게 그런 변화를 만들어 낼 수 있었는지 물었습니다. 남편은 지난 상담 바로 다음 날 아침, 출근하기 전 아내가 덮고 있는 침구를 다시 잘 덮어주었다고 했습니다. 저녁에 퇴근해 집에 왔을 때 아내는 메모를 한 장 남기고 외출한 상태였습니다. 아내는 메모에 자신이 저지른 일에 대해 사과했고, 이메일 비밀번호를 남겨두었습니다. 남편은 아내의 컴퓨터로 로그인해서 이메일을 읽었습니다. 아내는 그 날 아침, 남편이 출근한 후 내연남에게 이메일을 보냈습니다. 그녀는 이메일에 이제는 마음이 변했다고 썼습니다. 이제 자신에게 결혼생활은 지킬 가치가 있는 것이고 더 이상 상대를 만나지 않겠다는 내용의 메일이었습니다.

나는 서로에게 집중하고 관계가 좋았을 때 했던 일을 다시 할 수 있었던 지난주에 대한 두 사람의 말을 경청했습니다. 상담이 끝날 무렵 그들은 이러한 긍정적인 행동이 앞으로도 계속될 것으로 믿었고, 그들의 예상처럼 더 이상의 상담은 필요 없었습니다.

다음 몇 주, 몇 달간 나는 그 커플에 대해 자주 생각했고, 상담실에서 경험한 그 일이 앞으로도 계속될 수 있을 것인지에 대해 궁금했습니다. 그것은 내가 해결중심상담에 대한 신뢰가 부족하거나 커플에게 해결중심상담이 성공적으로 적용될 수 있음을 의심해서가 아니라 이번 사례에 해결중심상담을 적용하는 것이 너무 쉬웠기 때문입니다. 내가 기관에서 동료들에게 이 커플에 대한 얘기를 했을 때 모두 '그 커플은 아마 다른 곳에서 계속해서 상담을 받기로 했을 것이고, 그것을 내 앞에서 말하기 어려웠을 뿐'이라고 입을 모았습니다. 사실, 내 동료 중 대다수는 해결중심상담을 경험해 보지 못한 사람들이었습니다. 몇 달 후 내가 받은 크리스마스카드가 아니었다면 난 그들의 말에 동의했을 것입니다. 그 커플은 내게 여전히 함께 잘 지내고 있다는 소식을 크리스마스카드 속에 알려왔습니다.

나는 이 경험이 너무 좋아서 인테이크 코디네이터에게 더 많은 커플을 내게 보내달라고 부탁했습니다. 나는 커플상담에 완전히 매료되었습니다. 처음에 왜 그렇게 커플에 대해 걱정이 많았는지 기억할 수도 없었습니다. 몇 년 후 나는 그 기관을 떠나 나만의 상담소를 열었습니다. 더 많은 커플과 해결중심상담을 진행하며 자신감이 커졌고, 더욱 효과적인 방법을 개발할 수 있었습니다. 해결중심상담은 처음 접한 순간부터 내게 와 닿았지만, 그것을 신뢰하고 편하게 활용하기까지는 꽤 긴 시간이 걸렸습니다. 나는 많은 상담자가 힘들어하고 심지어 만나기를 거부하기까지 하는 커플들에게 해결중심상담을 진행했습니다. 이 과정을 즐겼습니다. 한 대학 교수는 내가 커플상담을 주로 한다는 말을 듣고 내게 직원과 학생에 대한 훈련을 부탁했습니다. 나는 많은 상담자가 커플과 상담하는 것에 대해 두려움을 갖고 있다는 것을 이 경험을 통해 다시 한번 알게 되었습니다. 그 후 나의 목표는 상담자들이 커플상담에 대해 갖는 부정적 감정을 극복하고 편하고 자신 있게 상담에 임할 수 있도록 돕는 것이었습니다. 스웨덴에서 진행한 한 워크숍에서 참여자 중 한 사람이 이 분야에 대한 책자가 거의 없으니 내게 책을 저술할 것을 권유했습니다. 첫 커플 내담자를 보기 전 나의 경험을 생각해 보며 나는 이 문제를 더욱 선명하게 인식할 수 있게 되었습니다.

이 책은 커플과 함께 해결중심대화를 나누는 과정에 대한 책입니다. 책에서 다루는 정보는 해결중심상담의 '적용 방법'에 관한 매뉴얼이 아닙니다. 그보다는 스티브 드세이저(Steve de Shazer)와 김인수(Insoo Kim Berg)(De Jong & Berg, 2008)에 의해 개발된 해결중심상담의 근본적인 원리를 활용해 내가 임상실천에서 커플 내담자들에게 적용했던 방법의 예를 나누고자 합니다.

커플과의 상담에는 독특한 어려움이 있습니다. 이 책은 해결중심적인 접근으로 이러한 어려움을 다룰 수 있는 하나의 방법을 제공합니다. 나는 여기서 의도적으로 '하나의 방법'이라는 말을 쓰고 있습니다. 나의 방법이 유일한 방법이 아님을 알기 때문입니다. 이 책에서 말하는 방법은 단순하게 말하자면 내게 도움이 되었던 나만의 방법일 수 있습니다.

나는 린다 메트칼프(Linda Metcalf), 크리스 이브슨(Chris Iveson), 하비 래트너(Harvey Ratner)와 에번 조지(Evan George)와 같이 특별한 분들에게서 해결중심상담을 직접 배울 수 있었고, 이들은 모두 멘토로서 내게 시간을 내주셨던 분들입니다. 나는 또한 스티브 드세이저, 김인수, 이본 돌란(Yvonne Dolan), 브라이언 케이드(Brian Cade)와 알라스테어 맥도널드(Alastair MacDonald)와 같은 분들의 저작을 통해서도 많은 것을 배웠습니다. 그럼에도 나의 가장 중요한 스승은 지금까지 만난 나의 내담자들입니다. 내가 만난 커플들은 내게 어떤 질문이 도움이 되는지 가르쳐 주었고, 희망의 대화가 가진 힘을 보여 줬습니다.

이 책을 준비하며 어떻게 하면 독자들에게 가장 도움이 될 수 있는 방법으로 내용을 구성할 수 있을지에 대해 많은 생각을 했습니다. 그동안 많은 커플과 상담을 하면서 나름의 과정을 발전시킬 수 있었고, 각 장을 통해 그 과정의 단계를 자세히 설명하는 것이 논리적일 것으로 생각했습니다. 또한 각각의 단계를 실제 사례를 통해 보여 주길 원했고, 이 책에 등장하는 많은 예는 내가 진행한 실제 커플과의 상담과정에서 얻은 것입니다. 다만, 개인정보 보호를 위해 이름을 비롯한 많은 부분을 변경했습니다. 그렇지만 상담의 결과는 그대로입니다.

한 동료가 말하길 효과적인 해결중심상담자가 되기 위해선 그것에 대해 읽고, 실제로 어떻게 작동하는지에 대해 관찰하고, 스스로 그 과정을 경험해봐야만 한다고 했습니다. 커플에게 활용될 수 있는 해결중심질문, 연습, 그리고 희망적인 이야기들과 함께 실제 사례연구를 통해 이를 더 배우고자 하는 독자들이 이 책을 읽고 그것을 스스로 실천해 보기를 바랍니다.

워크숍을 주재할 때 나의 목표 중 하나는 참석자가 다음 날 그들의 실천 현장에서 실제로 활용할 수 있는 무엇인가를 얻도록 하는 것입니다.

이 책에 대한 나의 목표도 마찬가지입니다. 나는 독자가 이 책을 다 읽을 무렵 커플상담에서 느낄 수 있는 어려움은 줄고, 자신감은 높아지며, 그들의 임상실천에 변화를 만들 수 있는 무언가를 배울 수 있기를 바랍니다.

Solution Building

in Couples Therapy

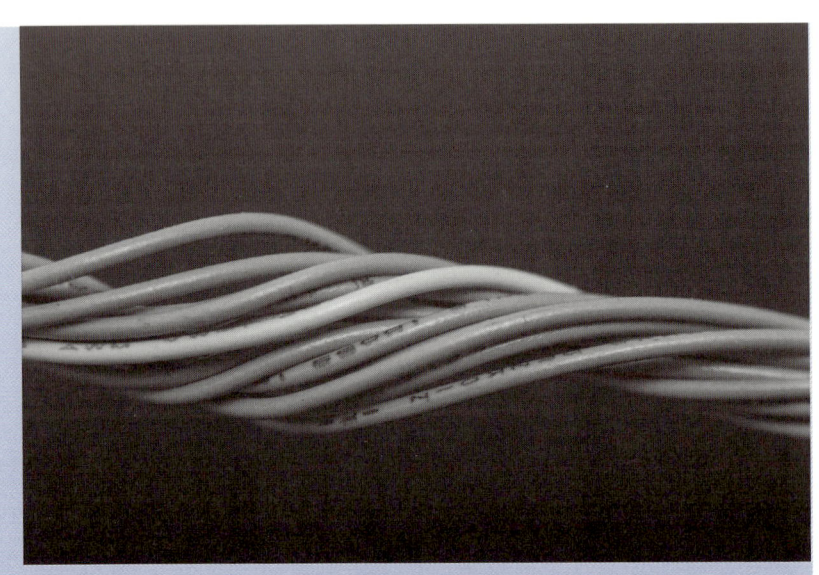

새로운 생각으로 확장된 사람의 마음은

절대 원래의 모습으로 돌아가지 않는다.

- 올리버 웬들 홈스 주니어

해결중심 상담이란?

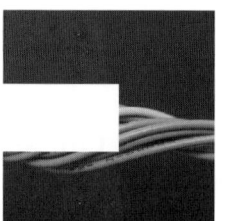

　해결중심상담으로 커플과 상담하는 것은 같은 방법을 활용해 개인 상담을 진행하는 것과는 조금 다릅니다. 그러나 과정까지 다른 것은 아닙니다. 즉, 상담의 초점이 내담자의 문제보다는 원하는 미래에 있는 것은 같습니다. 다만 다른 것은 대화의 구성입니다. 로맨틱한 관계에 있는 두 사람과 그들의 욕구, 강점, 그리고 자원에 근거한 대화를 구축하는 것은 쉽지 않을 수 있습니다. 한 사람의 마음이 다쳤거나 대화에 참여할 의사가 없는데 어떻게 욕구나 강점, 자원에 대한 대화를 나눌 수 있을까요? 이러한 어려움을 다루는 것이 이 책을 쓰는 이유 중 하나입니다. 커플과 해결중심상담을 하기 위해 상담자는 해결에 초점을 둔 대화를 유지할 필요가 있습니다. 이는 커플의 문제에 대한 이야기로 대화의 초점이 옮겨가는 것을 피하기 위함입니다.

이 장의 내용은 해결중심상담의 원리에 대해 간단히 살펴보는 것을 포함합니다. 독자 여러분이 해결중심상담에 대해 전혀 모르거나 또는 이 분야의 전문가일지라도 이를 커플상담에 적용하기 전 기본적인 내용을 다루는 것이 필요합니다.

해결중심상담의 원리

해결중심상담은 미국 밀워키에 위치한 단기가족치료센터(Brief Family Therapy Center)에서 스티브 드세이저, 김인수와 동료들에 의해 개발되었습니다(de Shazer et al., 2007). 그들의 접근은 캘리포니아 팔로알토에 위치한 MRI(Mental Research Institute)의 접근에 기초했으며, 후에 비트겐슈타인(Wittgenstein)의 철학과 불교의 원리를 차용한 것입니다(de Shazer et al., 2007). 『해결중심 가족치료의 오늘: 기적 그 이상의 것(More than Miracles: The State of the Art of Solution-focused Brief Therapy)』에서 서술하듯 해결중심상담의 중심 원리는 다음과 같습니다.

고장 나지 않았으면 고치지 말라

만일 내담자가 무엇인가를 문제로 보지 않거나 어떤 문제를 내담자 스스로 해결했다고 말한다면 더 이상의 개입은 필요치 않습니다. 이것은 기본적인 것으로, 너무 당연하기도 하지만 의외로 이 원리를 따르지 않는 상담 접근이 많습니다. 해결중심상담을 처음 접했을 때 나는 방문 가족상담을 제공하는 지역정신건강센터에서 일하고 있었습니다. 그 일에 필요한 조건 중 하나는 상담자들과 슈퍼바이저들이 일주일에 한 번씩 임상슈퍼비전에 참여하는 것이었습니다. 내 동료들은 전통적인 문제중심상담을 활용했기에, 내가 적용한 해결중심상담에 대해 묻곤 했습니다. 직원 모임에서 자주 등장했던 주제는 내담자가 현 상태를 '유지'할 수 있도록 하는 아이디어나 그들의 '성장'을 촉진할 수 있는 전략을 개발하는 것이었습니다. 이러한 접근은 문제중심접근의 관점에서 볼 때 적절한 것이었지만 내담자가 자신의 상태를 유지하거나 성장을 위해 원치 않는 상담을 계속 받아야 한다는 것은 해결중심상담의 원리와 전혀 맞지 않는 것이었습니다.

효과가 있다면 그것을 계속하라

해결중심상담이 내게 가장 와 닿는 부분 중 하나는 누구라도 자신의 삶에서 뭔가 잘하는 것이 있다는 가정입니다. 이 단순한 믿음은 내담자에게 희망과 존중, 그리고 긍정의 마음을 전달합니다. 그것은 내담자의 문제가 심각해 오랫동안 그것에 맞서 고군분투했을 수도 있지만 그들의 삶에서 무언가 잘 되고 있는 것 또한 분명히 존재하며, 긍정적인 변화를 이끌 수 있는 무엇이 있다는 믿음에 기초합니다.

몇 년 전 나는 한 지역의 마약방지 프로그램에 참여하는 청소년들의 부모에게 집단상담을 제공한 적이 있었습니다. 프로그램의 첫 날 밤 집단원들은 각자의 직업과 가족에 대해 자세히 말하는 방식으로 서로를 소개했습니다. 이때 한 어머니가 자신이 고등학교 교사로 재직하고 있으며, 학교에서 가장 어려운 학생들을 담당하고 있다고 밝혔습니다. 그녀가 집단상담에 참여한 이유는 자녀가 집에서 자신이 만든 규칙을 지키지 않기 때문이라고 밝혔으며, 보기에도 매우 화가 나 있었습니다. 다른 부모가 그녀에게 교실에서 어떻게 학생들이 말을 듣도록 할 수 있는지 묻자 어머니의 태도는 그 즉시 달라졌습니다. 그녀는 교실에서 자신이 활용하는 시스템과 그것이 얼마나 자신에게 효과적인지에 대해 설명했습니다. 부모들 중 몇몇은 그녀의 이야기를 들으며 필기를 하기도 했고, 이 어머니가 십대의 마음을 움직일 줄 아는 사람으로 믿었습니다. 그러나 그 어머니는 자신의 집에서는 그런 기술을 활용할 생각을 하지 못하는 것처럼 보였습니다. 모임이 끝나갈 때쯤 그 어머니는 교실에서 활용하는 자신의 기술을 집에서 자녀에게도 활용할 계획을 세울 수 있었습니다. 그녀는 스트레스와 분노에 가득 차 이 집단상담에 왔지만 동시에 해결도 함께 가져왔던 것입니다. 다만, 그것을 깨닫지 못했을 뿐입니다. 그녀가 잘 할 수 있는 것을 발견하고 그것을 더 할 수 있도록 하는 것만으로 그녀가 한동안 해결하고자 애쓰던 문제에 대한 효과적인 해결을 발전시킬 수 있었습니다.

효과가 없다면 멈추고 다른 것을 시도하라

제목에서 '더 나은 것'이 아닌 '다른'이라는 단어를 쓴 것에 주목할 필요가 있습니다. 이것은 해결중심상담의 원리를 이해하기 위해 필요한 중요한 구분입니다. 이 접근에 대한 흔한 오해 중 하나는 이것을 문제해결(problem solving)을 위한 접근으로 보는 것입니다. 그와는 반대로, 이 접근은 해결구축(solution building)의 접근이며, 효과가 있는 해결(solution)만이 해결 구축의 자원이 될 수 있습니다(de Shazer et al., 2007). 이것은 매우 당연한 사실이지만 많은 사람들은 효과가 없는 행동을 반복합니다. 그것은 단순히 그렇게 배웠거나 항상 그렇게 해왔기 때문입니다. 이 원칙을 지키기 위해 상담자는 효율성을 고려해야 합니다. 하나의 과업이 효과가 없다면 그것을 계속할 이유가 없습니다. 다른 선택이 탐색될 필요가 있습니다.

이러한 생각은 다른 이론적 관점으로 상담을 진행하는 실천가들의 생각과는 매우 다른 것입니다. 예를 들면, 지역정신건강센터에서 일할 때 슈퍼비전을 받는 과정 중 하나는 내담자 가족을 위해 상담자가 개발한 개입을 검토하는 것이었습니다. 이를 위해 각 상담자는 사례에 대한 요약과 이전 회기에서 개발된 과제의 개요를 발표했습니다. 그러나 함께 모인 상담자들은 '그 개입이 효과가 있었는가?'와 같은 가장 중요한 질문을 고려하지 않은 채 피드백을 제공했습니다. 그 개입이 얼마나 '창의적'인지 또는 얼마나 '적절한' 것인지에 더 큰 관심이 있어 보였습니다. 그러나 해결중심상담의 관점에서 보았을 때 그 개입이 효과가 없다면 이는 중단되어야 합니다. 아주 단순한 원리입니다.

작은 단계는 큰 변화를 이끌 수 있다

많은 사람들이 문제가 눈덩이처럼 커질 수 있다는 것을 알고 있습니다. 즉, 문제는 작게 시작되지만 시간이 가며 더욱 부풀려 진다는 것입니다. 해결도 이와 같은 방식으로 작동하지만, 이러한 사실을 아는 사람은 많지 않습니다. 이것이 해결중심상담을 실천하는 나에게는 큰 보상이 아닐 수 없습니다. 사람들은 많은 경우 오랫동안 힘들어하던 문제로 상담에 옵니다. 그들은 문제가 극복될 수 있다는 희망도 함께 가지고 오지만, 그러한 믿음이 항상 함께 하는 것은 아닙니다. 그러나 상담회기 말, 주로 첫 회기에서 상황이 아주 조금 나아질 수 있도록 하는 과제가 주어진다면 내담자의 자신감은 다시 커질 수 있습니다. 해결중심상담에서 단순한 단계를 천천히 밟으며 앞으로 나아가는 것을 강조하는 것은 미래의 해결이 좀 더 가능한 것으로 보이게 합니다. 결과적으로 원하는 미래에 대한 희망은 더욱 커집니다.

해결과 문제가 반드시 연결된 것은 아니다

지역정신건강센터에서 일하는 동안 내 슈퍼바이저 중 한 분은 상담이 효과적이기 위해서는 상담내용이 반드시 문제와 직접적으로 연결되어야 한다고 주장했고, 따라서 실천접근에서도 문제에 대한 철저한 검토가 필수조건이었습니다. 해결중심상담은 이와 다른 관점을 취하는데, 문제에 대해 아주 조금 또는 전혀 탐색하지 않을 수도 있습니다(de Shazer et al., 2007). 해결중심상담은 전통적인 문제해결상담에서 벗어나 문제가 없는 내담자의 삶은 어떤 모습인지 알아보는 것으로 상담을 시작합니다(de Shazer et al., 2007). 일단 이것이 확인되면 문제가 없는 삶을 어떻게 만들 것인지에 대한 계획을 내담자의 기술과 자원을 이용해 발전시킬 수 있습니다. 그렇기 때문에 많은 경우 개발된 해결책은 문제와 직접적인 관련이 없습니다.

한 번은 직장에서 굉장한 스트레스를 경험하고 있는 여성과 상담을 한 적이 있습니다. 이전에는 자신의 일을 좋아하던 높은 직책의 임원이었던 내담자는 새 상사와 일하게 되면서 자신이 감당해야 할 새로운 요구가 갑자기 많아지며 힘든 시간을 보내고 있었습니다. 나의 이전 슈퍼바이저의 관점에서 생각해 보면 해결은 그녀의 업무나 새 상사와의 관계와 직접적으로 연결되어야 합니다. 그러나 나는 지금의 문제가 없는 그녀의 삶에 대한 상세한 모습을 내담자와 함께 확인할 수 있었고, 이후 잠재적인 해결이 분명해졌습니다.

그녀는 업무와 직접적인 상관이 없었지만 자신만의 기술과 과거의 성공을 활용해 자신에게 상당히 효과적인 전략을 개발할 수 있었습니다. 그녀는 상사와의 관계를 개선하는 것에 초점을 맞추기보다 가족에게 자신의 초점을 돌리기로 결정했습니다. 그녀는 매일 밤 자녀와 남편을 위해 시간을 할애했습니다. 그것이 단지

15분일지라도 가족과 함께 '웃을 수 있는' 시간을 보내고자 했습니다. 그런데 이 단순한 전략이 단시간에 그녀가 다시 업무를 예전처럼 즐길 수 있도록 도왔습니다.

해결의 언어는 문제의 언어와 다르다

해결중심상담은 문제를 해결하기보다 해결을 구축한다는 점에서 다른 접근들과 다릅니다. 해결구축(구성)의 언어는 긍정적이고 미래지향적이지만, 문제해결의 언어는 부정적이고 과거지향적입니다(George, Iveson, & Ratner, 2006). 해결중심상담은 과거의 문제를 파고들기보다 내담자에게 그들의 문제가 해결되었을 때 삶이 어떤 모습일지 미리 생각해 볼 수 있도록 합니다. 이는 운전석에 앉아 꽉 막힌 길에 대해 저주를 퍼붓는 것이 아닌 정체가 풀린 후 시원하게 뚫린 길을 상상해 보도록 돕는 것입니다.

커플과 함께 해결구축하기

해결을 구축한다는 것은 어떤 의미일까요? 또 해결구축의 언어는 어떻게 활용될 수 있을까요? 이러한 질문을 이해하는 것은 해결중심커플상담에 매우 중요합니다. 해결구축과 문제해결 접근 사이의 차이는 크지 않은 것처럼 보일 수 있지만, 그러한 차이가 상담 내 의사소통에 갖는 영향은 매우 큽니다. 커플과 계속해서 해결에 초점을 둔 대화를 이어간다는 것은 어려울 수 있습니다. 그러나 상담자는 상담이 문제대화(problem talk)가 아닌 해결대화(solution talk)를 유지할 수 있는 질문을 하는 책임을 가집니다. 문제대화는 상담에서 서로 논쟁하고, 격론을 벌이고, 소리를 지르는 것으로 시간을 소모하게 하는데, 이 모든 부정적인 것들은 애초에 커플이 상담을 요청한 이유입니다. 상담자는 해결을 구축하는 데 더 많은 시간을 할애함으로써 대화가 생산적인 방향으로 진행되고 논쟁으로 시간을 낭비하지 않도록 할 수 있습니다.

『해결을 위한 면접(Interverwing for Solutions)』에서 De Jong과 Berg(2002)는 해결구축이 무엇인지를 정의한 바 있습니다. 여기에서 나는 해결구축에 초점을 둔 대화로서, 그리고 커플과 그러한 대화를 나누기 위해 필요한 도구로 정의하고자 합니다. 해결중심커플상담에서 활용되는 질문은 커플과 다음의 세 가지를 함께 할 수 있도록 고안된 것입니다. 첫째, 커플이 원하는 미래의 모습을 알아내기, 둘째, 문제지향에서 해결지향으로 전환하기, 셋째, 원하는 미래를 만들기 위해 필요한 단계 구축하기입니다. 매우 단순해 보이지만 이것이 해결중심커플상담의 핵심입니다.

해결을 구축하는 과정은 문제를 해결하는 것에 관한 것이 아니라 커플이 가장 바라는 것을 스스로 어떻게 만들어 낼 것인지에 관한 것입니다. 계속된 관찰을 통해 알게 된 것은 대부분의 커플은 상담에 오도록 한 바로 그 문제의 원인이 무엇인지에 대해 서로 동의하지 못한 채 상담에 온다는 것입니다. 따라서 문제해결을 위해 상담자가 우선적으로 해야 할 일은 문제에 대해 두 사람이 서로 같은 이해를 할 수 있도록 도와야 하는데, 이것이 바로 문제의 해결을 어렵게 하는 일입니다. 예를 들면, 커플 중 한 사람의 외도가 발각되어 상담을 받는 것에 동의한다 할지라도 애초에 외도를 하게 된 이유에 대해 동의하는 것은 결코 쉬운 일이 아닙니다. 그러한 논쟁은 계속될 수 있고, 이는 상담이 어느 곳으로도 향하지 못하게 할 수 있습니다. 그러나 커플에게 관계에서 바라는 것이 무엇인지에 대해 물을 때 대화는 매우 다른 방향을 향해 나아갑니다.

대부분의 커플은 상담에 올 때 상담자가 문제의 시작에 대해 관심을 가질 것이라는 가정을 가집니다. 도움을 받기 위해 그 시작이 무엇인지를 상담자가 이해하는 것이 필수적이라고 생각합니다. 이러한 이해는 둘 중 한 사람 또는 두 사람 모두가 각자의 관점에서 그들의 문제를 설명하도록 합니다. 이 글을 쓰고 있는 지금도 나는 커플의 문제에 대해 두 사람이 전적으로 동의하며 설명할 수 있었던 어떠한 커플도 생각할 수가 없습니다. 사실 어떨 때는 커플들의 관점이 너무나 달라 두 사람이 어떻게 같은 관계에 존재할 수 있었는지 의심하게 되기도 합니다. 내가 자신들의 문제에 관심이 있을 것임을 가정하는 커플들은 나의 관심이 전혀 다른 것에 있다는 사실을 알게 되며 매우 놀라워합니다. 내가 하는 질문은 그들이 지금 겪고 있는 문제가 없는 미래의 관계에서 일어나길 바라는 일에 대한 것입니다. 흥미롭게도 내가 듣는 답변은 항상 둘 중 하나입니다. 첫째, 두 사람이 전적으로 같은 답을 하는 경우입니다. 비록 문제의 시작에 대해 서로 완전히 다른 의견을 가진다 할지라도 미래에 바라는 것에 대해서 완전히 일치하는 의견을 갖는 것입니다. 두 사람 모두 사랑하는 관계, 더 친밀함 등에 대해 표현합니다. 둘째, 미래에 대해 서로 다른 희망을 표현하는 경우입니다. 예를 들면, 한 사람은 "우리의 미래에는 더 많은 친밀감과 더 좋은 대화를 원해요."라고 할 수 있습니다. 그러나 이는 상대가 원하는 것이 아닐 수 있습니다. 그럼에도 그들은 그렇게 되도록 협력할 의향이 있음을 표합니다. 때로 두 사람이 모두 동의할 만한 원하는 미래에 대한 목록을 작성할 수도 있습니다. 커플이 함께 원하는 것을 발견해 나가는 과정은 해결의 구축이 시작될 수 있도록 합니다.

내담자가 사용하는 언어를 활용해 '원하는 미래에 대한 상세한 정보와 그러한 모습의 미래를 구축할 수 있도록 돕는 것'이 바로 해결구축의 모든 것이라 해도 과언이 아닐 것입니다. 비록 이러한 표현이 매우 단순해 보일 수 있지만 그것을 실행하는 과정은 힘든 일입니다. 상담자에게는 해결구축을 방해하는 문제대화를 차단할 수 있는 특별한 기술과 상담자가 궁금해 하는 것을 질문할 수 있는 용기가 필요합니다. 상담자에게는 그들이 질문해야 할 것과 그렇지 않은 것을 구분할 수 있는 지혜도 필요합니다.

첫 번째 원칙

앞서 살펴보았듯 해결중심상담의 과정은 단순합니다. 그러나 상담자가 호기심을 보일 필요가 있는 정보와 알 필요가 없어서 조용히 입 다물고 있어야 할 정보, 즉 우리가 해야 할 일과 하지 말아야 할 일 사이에는 큰 차이가 있음을 이해해야 하는데, 이것을 구분하는 것이 쉬운 일은 아닙니다. 이를 위한 훈련과 집중이 필요합니다. 상담자의 훈련과 집중을 도울 수 있는 원칙은 다음과 같습니다.

/ 모든 커플은 과거에 성공한 경험이 있다

커플이 함께 상담을 받으러 오는 것은 과거 두 사람 모두에게 의미가 있는 관계가 있었음을 말해줍니다. 그러나 많은 커플들이 과거의 성공에 대해 알아차리지 못하고 그것에 대해 말할 수 있는 준비가 되지 않은 채 상담에 옵니다. 새로운 내담자들은 공통적으로 "우리는 항상 이런 문제를 가지고 있어요." 또는 "저 사람은 항상 저런 식이었어요."와 같이 말하지만 그것이 모든 진실은 아닐 수 있습니다. 어떠한 관계라도 일정 기간 지속되기 위해선 그것이 다일 수는 없습니다. 틀림없이 더 많은 이야기가 있습니다. 관계의 성공적인 부분은 다만 숨어있을 뿐입니다. 커플과 해결중심상담을 실시하는 것의 중요한 목표는 숨어있는 성공을 찾아내 현재의 관계에서 그 역할을 다시 수행하도록 돕는 것입니다.

/ 한 사람이 아닌 커플과 연결되어야 한다

나는 이 규칙을 해결중심적인 테니스 경기에 비유합니다. 어느 날 비디오로 촬영된 한 커플과의 상담 영상을 보면서 테니스 경기를 관람하는 것처럼 내 머리가 이쪽저쪽으로 왔다 갔다 움직이는 것을 관찰했습니다. 그것은 커플이 원하는 미래에 대해 자세히 묻는 질문을 두 사람에게 따로 묻기 때문이었습니다. 이처럼 두 사람이 각자의 아이디어와 생각을 상담회기 내내 자유롭게 표현할 수 있고, 자신들을 위한 해결의 구축에 균등하게 기여할 수 있도록 하는 것이 중요합니다. 그렇다고 내가 말하는 두 사람의 균등한 기여가 두 사람이 양적으로 같은 시간동안 대화에 참여해야 함을 의미하는 것은 아님을 분명하게 말하고 싶습니다. 해결중심 테니스라는 것은 두 사람이 같은 횟수로 해결구축의 대화에 참여함을 의미합니다. 각자의 참여가 몇 초가 되었건 또는 몇 분이 되었건 간에 각 상대가 말할 수 있는 기회를 순서대로 갖는 것은 균등한 기여를 돕습니다.

/ 대화의 내용은 상세할수록 좋으며, 그렇게 될 수 있도록 집중해야 한다

오래 전 고등학교 시절, 운전면허 취득을 위한 교육을 받을 때 상세함(자세함)과 관점의 중요성에 대한 교훈을 배울 수 있었습니다. 나는 강사가 비상시 사용할 수 있도록 조수석에도 브레이크가 달린 차로 강습을 받았습니다. 강사는 내가 잠시라도 전방을 응시하지 않을 때 항상 급하게 브레이크를 밟곤 했습니다. 그로 인해 나는 기분이 상했고, 결국 항의까지 할 정도였습니다. 강사는 내가 전방을 응시하지 않을 때 차가 운전자의 시선에서 벗어나는 경향이 있기 때문에 브레이크를 밟았다고 설명해 주었습니다. 강사는 우리의 손은 시선이 가는 방향을 따르는 경향이 있기 때문이라고 했습니다. 이와 비슷한 일이 해결중심상담에서도 일어납니다. 커플이 과거의 성공과 미래에 바라는 바에 대해 상세한 대화를 나눌 때 그들의 삶도 그러한 방향으로 향하는 경향이 있습니다.

상담자가 된지 얼마 되지 않아 나는 남편과 함께 상담을 받고자 하는 한 젊은 여성의 전화를 받았습니다. 그녀는 도움을 요청하

는 이유에 대해 언급하지 않았지만 가능한 빨리 약속을 잡기를 원했고 또 통화를 하는 내내 뒤에서 소리를 지르는 남편의 목소리를 들을 수 있었기 때문에 문제가 심각함을 알 수 있었습니다. 며칠 후 그들이 첫 상담에 왔을 때 두 사람은 서로에게 매우 화가 나 있었습니다. 내가 처음 상담했던 커플과 마찬가지로 두 사람은 로비에 있는 의자에 서로 떨어져 앉아 있었습니다. 상담실로 안내할 때 두 사람에게서는 서로를 증오하는 눈빛을 볼 수 있었습니다. 그들과 굉장히 긴 시간을 함께 할 것 같다는 생각이 들었습니다. 미소나 어떠한 애정의 표시도 없이 그들은 자리에 앉았고, 역시나 서로 멀리 떨어져서 앉았습니다. 첫 몇 분 동안 우리는 상담에서 가장 바라는 것이 무엇인지를 알아보고자 노력했으나(George et al., 2006), 대화에서 느낄 수 있는 긴장감은 더 커졌습니다. 그때 첫 커플 내담자에게 효과적이었던 바로 그 질문이 생각났습니다. "그런데 두 분은 어떻게 만나셨나요?" 이 질문은 이번에도 통했습니다. 두 사람은 업무와 관련된 파티에서 어떻게 만났는지, 만남의 기억에 서로 살을 붙였으며, 관계의 초기에는 어땠는지에 대해 말하며 점점 더 가까워졌습니다. 대화를 이어가며 그들은 서로를 존중과 친절로 대했고, 상담이 끝날 때 그들은 손을 잡고 걸어 나갔습니다.

 그들은 내가 로비에서 만난 커플과 같은 사람들이 아니었고, 두 번째 상담에 왔을 때 첫 상담에서의 변화가 지속된 것이 분명해 보였습니다. 나는 그들에게 좋았던 것에 대해 물었고 그들은 대부분의 시간을 지난주에 있었던 변화에 대해 말하는 데 할애했습니다. 둘째 회기의 끝 무렵, 그들에게 어떻게 그러한 변화를 만들 수 있었는지에 대해 물었습니다. 그 커플은 첫 상담회기에 어떤 일이 있었는지 상세하게 기억하진 못한다고 했습니다. 다만 그들이 기억한 것은 그들이 처음 어떻게 만났고 또 초기의 관계는 어땠는지에 대해 말한 부분이었는데, 모든 변화가 그것 때문이라고 했습니다. 그들의 대답에 나는 자존심이 약간 상했습니다. 나는 내가 좋은 상담을 진행했기 때문이라고 생각했지만, 그 커플이 기억한 것은 스스로가 자신들을 위해 했던 일뿐이었습니다. 이것은 현재까지도 내가 늘 간직하는 교훈이기도 합니다. 커플의 성공에 대해 자세하게 얘기할 수 있도록 돕는 것이 해결구축에 필요한 모든 것일지도 모릅니다. 상담자가 커플의 성공(과거, 현재, 또는 미래)에 대해 상세한 대화가 진행될 수 있도록 집중할 때 그들의 삶이 그러한 방향을 향해 나갈 가능성이 더 높아지는데, 이는 운전자의 시선이 향하는 방향으로 차가 움직이는 것과 마찬가지입니다.

/ 커플의 이야기 중 어떤 부분에 대해 호기심을 가질 것인지 신중하게 선택하라

커플과의 상담을 위해 배워야 할 중요한 기술 중 하나는 아마

도 개인과의 상담에서도 마찬가지이지만, 커플이 제공하는 자료와 정보 중 상담자가 관심을 가질 것과 그렇지 않은 것을 구분할 수 있는 능력입니다. 이 기술을 개발하기 위해 내게도 오랜 시간의 훈련과 노력이 필요했고, 지금도 이 기술을 좀 더 일찍 개발할 수 있었다면 하는 바람이 있습니다. 어떤 정보에 귀를 기울이고, 또 어떤 정보에는 그러지 말아야 할지를 알 수 있도록 상담자가 해야 할 일을 분명하게 설명하긴 어렵습니다. 그것이 항상 분명한 것이 아니고 또 상담회기에 따라 달라지기 때문입니다. 다만 내가 말할 수 있는 것은 그 기술을 키우기 위한 훈련으로 커플이 '가장 바라는 것'을 경청하고 동시에 문제대화에 휩쓸리지 않는 연습이 필요하다는 것입니다. 내가 워크숍에서 설명하는 방법은 상담자는 택시 운전사와 같다고 말하는 것입니다. 첫 번째 과제는 커플이 어디로 가고 싶은지를 물으며 목적지에 대한 상세한 정보를 끌어내는 것입니다. 여기에서 상담자는 다른 목적지를 제안하지 않고 또 도중에 다른 길로 빠지지 않도록 하는 훈련이 필요합니다. 여기서 필요한 모든 것은 선택된 목적지와 관련됩니다. 연륜과 연습을 통해 적절한 정보를 선택적으로 경청할 수 있고 내담자의 말을 활용해 다음 질문을 구축할 수 있는 상담자의 능력은 택시가 다른 곳이 아닌 커플이 원하는 목적지를 향하게 할 것입니다.

/ 커플과의 공동구축을 위해 그들의 언어를 사용할 필요가 있다

나는 런던에 있는 BRIEF 클리닉에서 해결중심상담에 대한 훈련을 받았습니다. 훈련의 많은 부분은 커플과 작업할 때 활용할 수 있는 질문을 발전시키는 것이었습니다. 그들은 상담자가 해야 할 다음 질문에 이전 질문에 대한 내담자의 대답을 활용해야 한다고 가르쳤습니다. 그것은 아주 심오한 철학을 담고 있는 말인데, 나는 커플과의 상담에서 이를 바로 활용해 보기 시작했습니다. 공동구축의 과정은 내담자의 언어뿐만 아니라 상담자 자신의 언어에 대한 관심도 포함합니다. 이러한 원칙은 모든 후속질문을 구축하는 과정에서 활용됩니다. 예를 들면 다음과 같습니다.

상담자 상담을 통해 가장 바라는 것은 무엇인가요?

남편 우리가 더 이상 다투지 않기를 바랍니다.

아내 네, 그 다툼이 우리의 관계를 망치고 있어요, 전 얼마나 더 버틸 수 있을지 모르겠어요.

상담자 만일 가까운 미래에 두 분이 다툼을 멈출 수 있는 방법을 찾아낸다면, 다툼 대신 두 분께서는 더 좋은 무엇을 하시고 계실 것 같으세요?

남편 제 생각엔 전에 그랬던 것처럼 서로 잘 지낼 것 같아요.

아내 다시 사랑할 수 있다면 참 좋을 것 같네요.

| 상담자 | 그러면 서로 잘 지내시고 더 사랑하시길 원하시는 거군요. 그럴 때 두 분의 관계는 어떤 모습일까요?

앞의 대화는 최근 진행한 한 사례에서 나온 것으로 커플과 공동으로 해결대화를 어떻게 구축하는지에 대한 아이디어를 제공합니다. 이처럼 상담자는 후속 질문을 만들기 위해 각 상대가 한 대답의 일부를 활용하는 것이 중요합니다. 이것은 커플 내 두 사람이 상담의 방향에 공동으로 기여하도록 하며, 따라서 상담에 대한 내담자 간, 상담자와 내담자 간 동맹도 함께 커짐을 의미합니다.

해결중심상담은 어떻게 다른가?

해결중심상담을 알게 되면서부터 나는 이 접근을 선호하는 사람들의 특별한 점은 무엇인지 궁금했습니다. 사실 그것은 나의 첫 저서인 『The Art of Solution-Focused Therapy』(Connie & Metcalf, 2009)의 주제였습니다. 그 책에서 실천가들은 해결중심상담을 상담, 정신의학, 결혼, 가족상담 등의 분야에 적용한다고 했습니다. 내가 더 많은 훈련에 참석하고, 더 많은 내담자와 상담을 하고, 또 해결중심상담에 대해 더 깊이 공부하면서 이 접근이 커플과의 상담에도 효과적일 수 있는 다음과 같은 주요한 요소가 있음을 더 많이 알게 되었습니다.

이 접근은 너무 단순한데, 그래서 까다롭다

이 말은 서로 상반되는 것 같지만 상담에 대한 해결중심접근은 아주 단순하지만 그것의 기본을 지키는 것은 어려운 일입니다. 드세이저(1985)는 상담 개입은 오컴의 면도날(Occam's Razor)로 알려진 원칙을 따라야 한다고 했는데, 이것은 다른 모든 조건이 같을 때 가장 단순한 해결이 최선일 수 있음을 말하는 것입니다. 해결의 구축은 미니멀리즘과 단순성이 결합된 과정입니다. 우리 중 많은 사람은 학위과정에서 문제를 발견하고 사정하며, 다양한 상담기법을 활용해 그것을 어떻게 해결할 수 있는지에 대해 배우지만, 해결의 구축을 위해 해결중심상담자에게 필요한 유일한 기술은 적절한 후속 질문을 할 수 있는 능력입니다.

해결의 구축은 순서를 지키는 것(turn-taking)에 기초한다

해결구축의 대화는 모든 참여자가 공동으로 참여하는 것이어야 합니다. 해결이 균등하게 공동으로 구축되기 위해 대화에 참여하는 모든 사람들이 동등하게 기여해야 합니다. 이러한 원칙은 커플과 작업할 때 특히 까다로울 수 있는데, 세 사람이 순서를 지키며 대화에 참여하는 것을 의미하기 때문입니다. 이것이 커플상담의 회기에서 어떻게 일어나는지를 시각화하기 위해 커플 중 한 사람은 붉은색의 붓을, 다른 한 사람은 푸른색의 붓을 가지고 있다고 상상해 보길 권합니다. 내담자 각자가 상담자의 질문에 답할 때마다 그들은 캔버스에 한 획을 긋는 것인데 대답이 길수록 획의 길이가 더 길어집니다. 회기의 마지막에 그림에는 같은 수의 붉은 선과 푸른 선이 있어야 한다. 비록 선의 길이가 다를 수 있고, 또 한 가지 색이 더 많아 보일 순 있지만 두 색의 빈도는 같아야 합니다. 이것은 상담자가 하는 질문에 두 사람이 대답을 할 수 있는 순서를 지켜야만 가능해집니다.

모든 커플은 무엇인가에 의해 동기화된다

상담에 대한 동기가 의심받아선 안 되는데, 이는 한 사람이 다른 사람에 '의해서' 어쩔 수 없이 상담에 왔다고 불평을 하는 경우에라도 마찬가지입니다. 나는 상담에 대한 저항이라는 개념을 이해할 수 없었습니다. 비록 그것이 강제된 것일지라도 상담에 대해서 알아보고, 약속을 잡고, 상담회기에 참석하는 누군가를 어떻게 저항한다고 표현할 수 있을까요? 크리스 이브슨이 말하길 그가 해결중심상담을 실천하며 가장 좋아하는 것 중 하나가 모든 내담자에게는 어떤 식으로든 동기가 있다는 것입니다. 이브슨의 상담 장면을 관찰하면, 그는 그것이 무엇이든 간에 의심할 여지없이 모든 내담자에게는 상담에 대한 동기가 있는 것으로 대했습니다. 커플과 해결구축의 대화를 실시할 때 이러한 가정이 매우 중요합니다. 커플이 상담자를 찾아왔다는 사실은 어떤 형식으로든 변화에 대한 욕구가 있거나 원하는 결과에 대한 희망이 있다는 것을 말합니다. 상담자가 변화나 원하는 결과에 대한 대화를 할 수 있도록 도울 때 커플의 동기는 더욱 분명해지며, 이는 대화가 계속되며 더욱 커집니다.

● ● ●

해결중심적인 관점으로 커플과 상담을 하기 위해서는 '문제는 해결되어야만 한다는 생각'에서 '해결은 구축될 수 있다'는 생각으로의 전환이 필요합니다. 이 책은 이러한 전환에 관한 것입니다. 이러한 전환은 종종 상담자의 타고난 본성을 거스르거나 임상가로서 그들의 훈련에 반하는 해결중심상담의 단순한 과정을 충실히 따라야 하는 것이기 때문에 쉽지 않은 일입니다. 나에게 해결중심상담을 배운다는 것은 다른 접근들과 연결된 과정을 저버리는 것을 의미했습니다. 힘들었지만 의미 있는 과정이었습니다. 해결중심상담을 처음 접하고 커플상담에 적용하기 시작할 때 그것에 대한 의심이 있었음을 부정할 순 없습니다. 머리로는 이해가 되었지만 '이렇게 쉬울 순 없어.'라는 생각을 멈출 수 없었습니다. 나는 심리상담이 이렇게 단순할 수도 있다는 것을 믿지 못했습니다. 물론 힘든 적도 많았지만 지난 시간 함께 했던 나의 커플내담자들은 이 접근이 단순하지만 매우 효과적임을 가르쳐 주었습니다.

Solution Building

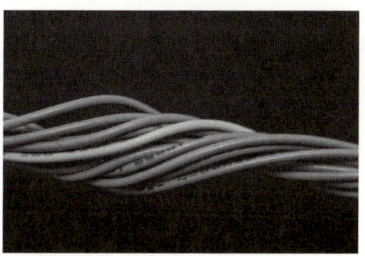

in Couples Therapy

끝이라고 생각했던 곳에서 더 멀리 왔다는 것을 깨닫는 순간,
우리는 놀랄 수밖에 없다.

— 작자 미상

1단계

목적지 정하기

7년을 함께 해온 레즈비언 커플 미셸과 스테파니가 나를 만나러 왔습니다. 그들의 다툼 소리가 로비에서 들려왔고 내가 나갔을 때 서로에게 잔뜩 화가 나 있는 상태였습니다. 상담실로 안내하자 그들은 조용히 들어왔습니다. 첫 회기에 이루어진 다음의 대화는 내담자와 함께 '가장 바라는 희망(best hope)'을 어떻게 설정할지 그 방법을 보여 줍니다.

상담자　그러면, 오늘 상담에 오시면서 가장 바라는 것은 무엇이었나요?

미셸　잘 모르겠어요, 그냥 해결을 해 보려는 거죠. 어디로 가야 할지에 대한 방향을 찾는 거요. 다른 사람은 어떻게 생각하는지에 대해서도 좀 듣고요.

상담자	당신에게 적절한 방식으로 해결되고 있다는 것을 어떻게 알 수 있을까요?
미셸	잘 모르겠어요.
상담자	어떻게 생각하세요? 무엇으로 당신과 스테파니가 문제를 해결하고 있음을 알려 줄까요?
미셸	우리가 다시 가까워지고 대화를 하면요.
상담자	만일 서로가 다시 가까워지고 대화를 하고 있다면 그것으로 일이 잘 이뤄지고 있다는 신호가 될까요? 스테파니, 당신은 어때요? 상담에서 가장 바라는 것이 무엇인가요?
스테파니	제 생각엔 변화가 좀 필요해요. 그러면 뭔가 다르다는 것을 알 수 있을 것 같아요.
상담자	어떤 종류의 변화인가요?
스테파니	글쎄요, 음….
미셸	우리는 아주 어려운 일을 겪고 있어요.
스테파니	긍정적인 변화요. 미셸이 말했듯 대화를 나누고 서로를 위해서 뭔가 하는 것, 함께 더 많은 시간을 갖는 것이요. 음, 제 생각엔, 서로를 원하는 것, 그런 거요.
상담자	그러면, 만일 두 분이 그런 변화가 일어나고 있음을 아시게 된다면 나중에 이 시간을 돌아볼 때 우리의 만남이 도움이 되었다는 것을 아실 수 있다는 말씀인가요?

| 미셸 | 네, 물론이죠. |
| 스테파니 | 네. |

내가 '가장 바라는 희망'이라는 말을 처음 들은 것은 런던의 'BRIEF' 클리닉에서 진행된 콘퍼런스에 참석했을 때입니다. 이브슨은 자신과 동료들이 해결중심기법을 어떻게 활용하는지 보여 주기 위해 자신이 진행한 한 회기의 비디오를 공개했습니다. 이브슨의 첫 질문은 바로 "이 대화에 당신이 기대하는 '가장 바라는 희망'은 무엇인가요?"였습니다.

그 당시 나는 이들의 훈련생으로, 매년 그들의 클리닉을 다시 찾게 될 거라는 생각은 전혀 하지 못했습니다. 그러나 그들과 오랜 시간을 함께 보내면서 그들의 임상실천을 관찰했고 그들과 나의 실천접근에 대해 이야기하며 '가장 바라는 희망'에 관한 질문은 점차 내 접근의 일부가 되었습니다.

상담에서 '가장 바라는 희망'이 무엇인지를 확실하게 정립하는 것은 상담 과정의 핵심으로, 이후에 이뤄질 대화의 방향을 주도합니다. 여기에서는 커플 내담자 각자가 '가장 바라는 희망'을 설정할 수 있도록, 상담자가 활용할 수 있는 다양한 질문에 대해 살펴보겠습니다. 조지 등(2011)은 그들의 실천 매뉴얼에서 '가장 바라는 희망'에 관한 질문을 회기를 '시작하는 단계'로 명명했습니다. 이 질문으로 상담과정을 시작하는 것은 처음부터 해결구축을 위한 대화를 나눌 수 있도록 합니다.

효과적인 '가장 바라는 희망'의 조건

미래지향

앞의 대화에서 상담자는 원하는 미래의 모습과 관련된 질문을 했습니다. 이것은 커플에게 특히 중요한데, 과거에 대한 상세한 정보는 고통이거나 상대 간 불일치의 원천이 되기 때문입니다. 이때 "내일은 어땠으면 좋겠어요?"와 같은 질문이 유용합니다. 갑작스런 질문에 당황한 커플들은 흔히 "잘 모르겠어요."라고 반응합니다. 상담자는 이런 대답을 받아들이고 다음 질문을 위해 내담자가 한 말을 활용합니다. "내일은 어떻기를 희망하나요?"와 같이 질문함으로써 상담자는 내담자의 말을 경청하며 동시에 해결을 향한 대화를 계속 진행할 수 있습니다.

커플이 함께하길 원한다는 가정

그런데 만일 커플 중 한 사람이 그 관계를 계속 이어가고 싶어 하지 않을 때 어떻게 다뤄야 하는지에 대해 많은 사람들이 궁금해 합니다. 나는 그런 상황을 이해할 수도 없고, 그렇게 믿지도 않습니다. 나의 대답은 두 가지 이유로 항상 같습니다.

첫째, 그렇게 생각하는 것은 커플에게 도움이 되고자 하는 나의 일을 더 어렵게 만듭니다. 둘 중 한 사람이 그렇게 느끼든 아니든 간에 그들은 함께 자신들의 관계에 대한 상담을 받으러 왔습니다. 나는 가능한 두 사람 모두에게 도움이 되어야 하고, 상담의 방향을 설정할 수 있도록 도와야 합니다. 둘 중 한 사람이 더 이상 그 관계를 원치 않는다고 믿는 것은 과정을 복잡하게 만들 뿐입니다. 둘째, 커플상담을 찾는 행위의 본질은 희망입니다. 두 사람이 상담실을 찾는다는 사실은 두 사람 모두 어느 정도 자신들의 관계를 믿고 있으며 최소한 지금보다 더 큰 행복을 이룰 수 있다는 희망을 보여 주는 행위입니다. 따라서 커플이 이런 단순한 사실을 깨닫는 것만으로도 효과적인 개입이 될 수 있습니다.

과거는 과거에 남겨 두기

커플이 상담을 발생시킨 문제에 대해 동의하는 경우는 거의 없습니다. 이들이 합의에 이르도록 하는 것은 상담 과정을 더디게 할 뿐입니다. 드세이저와 동료들(2007)이 말하듯 문제는 항상 부정적이고 또 항상 과거에 관한 것입니다. 커플상담자가 '가장 바라는 희망'을 설정하기 위해 해야 할 일은 미래에 대한 긍정적 대화를 나누는 것입니다. 과거에 대한 부정적 대화는 비효과적이며 피해야 합니다. 그렇다고 상담자가 내담자의 과거 문제를 무시하라는 건 아닙니다. 대신, 상담자는 내담자의 문제를 인정하는 표현을 신중하게 선택하고, 대화가 좀 더 긍정적인 미래를 향할 수 있도록 해야 합니다.

계약 맺기

이것은 이브슨 등이 런던 클리닉에서 처음 소개한 아이디어입니다. '가장 바라는 희망' 질문은 내담자와 계약을 맺는 것으로 설명할 수 있습니다. 이것은 내담자가 원하는 미래의 모습을 분명하게 표현하는 과정인데, 상담자는 그것이 달성될 수 있음을 믿어야 합니다. 이것은 상담에서 아마도 가장 중요한 단계일 수 있습니다. 이후 상담의 방향을 결정하기 때문입니다. 세 사람이 관여하기 때문에 커플상담에서 이 과정은 특히 어렵습니다. 관계있는 두 사람의 '가장 바라는 희망'이 서로에게 도움이 되거나 적절해야 합니다. 그래야 두 사람이 상담과정에 관여하고, 상담자는 그들이 원하는 결과를 이룰 수 있도록 도울 수 있기 때문입니다.

'가장 바라는 희망'의 설정을 위한 상담자의 역할

'가장 바라는 희망'을 설정하는 것은 목표를 정하는 것이 아니라 목적지를 선택하는 것입니다. 아주 미묘한 차이로 보이지만, 나는 상담에서 우리가 추구하는 것이 목적지라고 믿습니다. 좀 더 전통적인 형태의 상담을 하는 실천가들에 비해 해결중심상담자는 회기 내에 다른 접근을 취하기 때문에 무엇을 하는지에 대한 설명의 언어도 달라야 합니다. 해결중심상담과 다른 종류의 커플상담을 하는 임상가들이 진행하는 훈련에 참석한 적이 있습니다. 그들은 종종 목표의 추구(the pursuit of goals)에 대해 이야기했습니다. 나는 항상 '추구'라는 단어가 적절하지 않다고 생각했습니다. 이 단어는 내가 커플과 상담을 진행하는 과정을 적절하게 표현하지 못했기 때문입니다. 나는 '방향(direction)'이라는 단어가 좀 더 유용하고 이해도 쉽다고 생각합니다.

　커플과 상담의 방향을 정하기 위해서 상담자는 모두에게 적절한 '가장 바라는 희망'이 도출될 때까지 계속해서 머물 수 있는 훈련을 받아야만 합니다. 그래야 다음 대화로 이어질 수 있는 기초를 다질 수 있습니다. 초보 상담자의 흔한 실수 중 하나는 잘 정의된 상담목표가 정해지기도 전에 다음 단계의 대화를 향해 나아가는 것입니다. 앞의 예에서 보듯 상담자는 현재 고려되고 있는 상담의 방향이 내담자들에게 유용한 것인지 신중하게 확인해야 합니다. 그것은 상담자가 내담자의 말을 잘 듣고 있다는 신호가 되며, 커플의 관계를 그들이 원하는 방향으로 이끌겠다는 상담자의 의도를 전할 수 있는 방법입니다.

　이 시점에서 상담자의 또 다른 임무는 문제 대화로의 초대를 거절하는 겁니다. 앞의 예에서 커플 중 한 사람이 자진해서 "우리는 아주 어려운 일을 겪고 있어요."라고 했습니다. 좀 더 전통적인 형태의 상담에서라면 그것은 좀 더 탐색되어야 할 부분입니다. 그러나 해결중심상담자는 미래를 향한 상담의 방향을 설정하는 것에 초점을 두고 있습니다. 내담자는 분명 상담자가 알 필요가 있는 정보라고 믿기 때문에 문제에 대한 이야기를 했을 것입니다. 그러나 이런 종류의 정보가 제시되었을 때 해결중심상담자의 역할은 단순합니다. 미래지향적인 정보에 귀를 기울이며 나머지는 일단 옆으로 치워 두어야 합니다. 이 시점에서 커플의 문제에 대한 이야기에 호기심을 갖거나 빠져드는 것은 이후 상담의 방향을 변화시킬 수 있습니다.

런던에서 길을 잃었던 경험

단기상담 훈련을 위해 처음으로 런던을 갔던 것이 나의 첫 해외여행이었습니다. 교육은 내가 도착한 바로 그날 오후부터 시작되었습니다. 교육을 마친 후 아침까지 스케줄이 빈 나는 런던을 보고 싶었고 함께 여행을 갔던 이모와 길을 나섰습니다. 긴 비행시간 때문에 피곤했던 이모는 바로 호텔로 돌아가자고 했습니다. 나는 하나 밖에 없던 호텔 이름이 적혀 있는 방 열쇠를 이모에게 건네고 (첫 번째 실수) 혼자서 계속 걸었습니다. 이어폰으로 음악을 들으며 관광을 했는데 결국 휴대폰 배터리가 방전되었지만(두 번째 실수), 지칠 때까지 몇 시간을 더 걸었습니다. 마침내 호텔로 돌아가기로 하고 호텔 쪽인 것 같은 방향으로 걸었지만 모든 것이 낯설어 보였습니다. 나는 호텔을 찾기 위해 알아볼 수 있는 랜드마크를 찾고자 돌아다녔지만 길을 잃은 것이 분명했습니다. 행인에게 길을 묻자 택시 운전사에게 도움을 요청해 보라고 했습니다. 런던의 택시 운전사들은 도시에 대해 모르는 것이 없는 걸로 유명합니다. 택시는 잡았지만 호텔 이름이 기억나지 않았습니다. 운전사가 "어디로 갈까요?"라고 물었을 때 나는 "모르겠어요."라고 대답할 수밖에 없었습니다. 그냥 유명한 호텔 체인이라는 것만 기억났습니다. 택시 운전사는 시동을 끄고 "호텔이 어떻게 생겼나요?"라고 물었습니다. 목적지에 대해 아는 걸 말해주면 찾을 수 있다고 말했습니다. 운전사는 다음의 질문을 시작했습니다. "공항에서 얼마나 걸렸나요?" "30분 정도요." "가는 길에 버킹엄 궁전을 지났나요?" "네." "강을 건넜나요?" "아니요."

    그러한 질문과 대답이 10분 정도 이어진 후 택시 운전사는 호텔이 어느 지역에 있는 것인지 알겠다고 했습니다. "이제 그곳이 어떻게 생겼는지에 대해 알아야 합니다." 그 순간 나는 이러한 과정이 해결중심상담의 과정과 매우 유사하다는 것을 깨달았습니다. 나는 가고자 하는 목적지를 설명하고 있었고 내가 더 자세한 정보를 제공할수록 정말 그곳에 갈 수 있겠다는 희망이 생겼습니다. 나는 기사에게 호텔의 프런트, 로비, 주변의 빌딩들이 어떻게 생겼는지에 대해 말했습니다. 내가 그렇게 자세히 기억할 수 있다는 것이 놀라웠습니다. 10분 정도 지났을 때 택시 운전사는 자신 있게 "힐튼호텔에 묶고 계시네요."라고 했습니다. 그리고는 시동을 걸고 도로로 들어섰습니다. 30분 후 나는 무사히 내 방으로 돌아갈 수 있었습니다.

이 경험을 돌아볼 때 내가 얼마나 행운아였는지, 또 내가 얼마나 바보 같았는지, 그리고 마지막으로 그 택시 운전사가 얼마나 큰 도움이 되었는지에 대해 놀라곤 합니다. 택시 운전사의 호의에도 불구하고 그가 잘못된 질문을 했거나, 내가 왔던 길을 돌아가는 방법을 따랐다면 아마 시간만 허비했을 겁니다. 대신 그는 미래에 초점을 맞췄는데 그것은 내가 원하는 도착지에 대한 자세한 정보였습니다. 나는 워크숍 등에서 참석자들에게 이 이야기를 자주 들려줍니다. 이것이 내담자와 '가장 원하는 희망'을 설정하는 것의 중요성을 잘 보여 주기 때문입니다. 도움이 되는 질문을 하는 것 외에도 그 택시 운전사는 뭔가 굉장히 중요한 일도 함께 했는데 그것은 바로 목적지가 분명해질 때까지 운전을 시작하지 않은 것입니다. 이것이 내가 해결중심상담을 배우는 모든 사람들이 꼭 배우길 희망하는 교훈입니다. 즉, 상담자와 내담자가 원하는 목적지에 대해 동의하기 전까지 상담과정의 다른 부분으로 넘어가지 않는 것입니다.

도울 수 있는 단 한 번의 기회: 사례

얼마 전 내 비서는 좀 이상한 전화를 받았습니다. 상담을 받고자 하는 내담자가 남편과 함께 상담을 하고 싶다는 전화를 했습니다. 그런데 그녀는 단 한 회기만으로도 도움을 받을 수 있을지 물었는데, 그것이 남편이 상담에 응한 유일한 조건이었기 때문입니다. 내 비서는 약속을 할 수는 없지만 내가 그러한 제한적인 조건하에서 상담을 하는 것에 대해 동의할지 알아본 후에 다시 연락을 주기로 했습니다. 나는 그 상담을 진행하기로 했습니다.

커플이 내 사무실에 도착했을 때 남편의 표정에는 상담을 받기 싫은 티가 역력했습니다. 내가 "상담에서 '가장 바라는 희망'은 무엇인가요?"라고 물었을 때 그는 아무런 희망도 없으며 그가 온 것은 부인의 고집 때문이고, 이 마지막 방문으로 아내의 '입을 막고' 싶다고 했습니다. 부인은 그들이 지금 겪고 있는 문제를 넘는 것이 '가장 바라는 희망'이라고 말했습니다. 나는 그들이 지금 겪고 있는 문제를 넘어섰다는 것을 어떻게 알 수 있는지에 대해 물었습니다. 그녀는 그렇게 되면 남편이 집으로 다시 들어오고, 다시 대화를 나누고, 둘 사이에 더 많은 사랑이 있을 거라고 했습니다. 나는 남편에게 '가장 바라는 희망'이 무엇인지에 대해 다시 물었지만 그는 여전히 바라는 것이 아무것도 없다고 했습니다. 다시 질문을 이어가자 이번에는 그 질문에 대해 덜 예민해진 것처럼 보였습니다. 나는 그에게 "비록 부인을 위해 여기에 오셨지만 당신에게 어떤 식으로든 더 만족스러울 수 있으려면 무슨 일이 있어야 할까요?"라고 질문을 했습니다. 남편은 지금 겪고 있는 문제를 극복하면 좋겠지만 매우 힘든 문제라고 했습니다. 그리고 그들의 문제를 그냥 흘려보낼 수 없었던 자신의 과거를 인정하며, 자신은 삶에서 그를 다치게 한 사람들과 단절할 뿐이라고 말했습니다. 부인에게는 그렇게 하면 안 된다는 것도 알고 있지만 그렇다고 그냥 지난 문제라고만 생각할 순 없다고 말했습니다. 나는 남편이 지금의 문제를 어떻게 해야 할지는 아직 잘 모르지만, 만일 다르게 다룰 수 있다면 삶이 어떻게 달라질 것 같은지에 대해 물었습니다. 아내가 말한 그런 삶의 모습이 될 것 같다고 남편이 말했습니다. 재결합하고, 대화는 더 나아지고, 좀 더 많은 애정을 표현하는 관계가 될 거라고 했습니다. 상담의 방향이 설정된 것을 확인한 후 나는 다음 단계로 대화를 진행시켰습니다.

이 사례에서 얻을 수 있는 몇 가지의 중요한 교훈이 있습니다. 이 커플과 상담 방향을 설정하며 나는 많은 정보를 얻을 수 있었으며, 내가 무엇에 대해 더 호기심을 가져야 할지를 선택해야 했습니다. 예를 들면, 남편이 상담에서 무엇을 이루기를 원하는지 모른다고 했을 때 나는 그 대답을 그대로 받아들이고 다른 주제로 넘어갈 수도 있었습니다. 그리고 남편이 문제를 쉽게 잊거나 넘길 수 없는 사람이라고 말했을 때 그 이슈에 대해 새롭게 이야기를 시작할 수도 있었습니다. 그러나 내가 만일 그 둘 중 한 가지를 선택했다면, 그 커플이 가고자 하는 방향에 대해 이해하지 못했을 겁니다. 더구나 단 한 번의 회기로 진행되는 상담과정이 어디로 향해야 할지에 대해 알지 못했을 겁니다. 대신, 우리는 그 커플이 표현한 '가장 바라는 희망'과 직접적으로 연결되는 대화를 나눴습니다. 회기의 끝 무렵 그 커플은 내게 감사를 표했고 다음 단계가 무엇인지 물었습니다. 그것은 그들에게 달려있다고 말했습니다. 만일 그들이 한 차례 더 만나는 것이 도움이 될 것이라고 생각한다면 기꺼이 다시 만날 것이라고 했습니다. 남편은 부인에게 2주 후에 다시 올 수 있는지 물었고 남편의 질문에 아내는 울기 시작했습니다. 아내는 남편이 다음 회기에 대해 궁금해 하는 것을 기뻐했습니다. 그리고 나도 그의 마음에 어떤 변화가 생긴 것인지 궁금했습니다. 남편은 우리가 나눈 대화가 즐겁다고 했는데 대화의 초점이 미래에 있었기 때문이라고 말했습니다. 그는 상담을 하며 자신이 다시 마주하기 힘든 부분에 초점이 맞춰질까 두려웠다고 했고, 대화의 초점이 미래에 맞춰져 있다는 것에 마음이 놓였다고 했습니다.

2주 후 그들을 다시 만났을 때 남편은 다시 집으로 들어갔다고 했습니다. 두 사람 사이에 사정이 어떻게 다른지에 대해 처음 말을 꺼낸 사람은 남편이었습니다. 2회기에서 우리는 그동안 있었던 발전에 대해 살펴봤고, 각자 어떤 역할을 했는지 알아봤습니다. 한 시간이 지날 무렵 그 커플의 상황은 매우 좋아졌으며, 더 이상의 상담은 필요치 않았습니다.

• • •

해결중심상담의 과정은 아주 단순해 보입니다. 우리가 묻는 전부는 상담의 결과로 그들의 삶이 어떻게 달라지길 원하는지 말해달라는 것입니다. 그것은 택시 운전사가 손님에게 "어디로 갈까요?"라고 묻는 것처럼 단순합니다. 그러나 단순하다고 해서 그 과정이 항상 순조로운 것은 아닙니다. 상담자는 내담자가 상담의 방향을 설정할 수 있는 대화를 나눌 수 있도록 여러 차례 질문을 해야 할 수 있습니다. 많은 경우 '가장 바라는 희망'에 대한 내담자의 대답은 우리의 기대에 부합하지 않을 수 있고, 또 많은 경우 그들의 대답은 문제에 관한 것일 수도 있습니다.

상담자	이 상담에서 '가장 바라는 희망'은 무엇인가요?
내담자	우리는 지난 수년 동안 싸워 왔어요. 그리고 제 생각에 그건 제가 제 성질을 통제하지 못해서이기도 하고 또 저 사람이 술을 너무 많이 마셔서 그렇기도 해요.

이것은 '가장 바라는 희망'에 대한 흔한 종류의 대답으로 상담에 도움이 되질 않습니다. 상담자는 내담자의 반응에 기초해 후속 질문을 하고 다시 질문할 수 있습니다. "상담이 끝날 때 두 분이 싸우는 대신 무엇을 하시면 두 분께 도움이 될 수 있을까요?" 이런 종류의 질문은 내담자의 반응을 좀 더 유용한 방향으로 전환시킬 수 있습니다.

'가장 바라는 희망'에 대한 커플의 첫 반응은 흔히 문제중심의 언어로 표현될 수 있습니다. 상담자는 미래지향적인 대답이 구축될 때까지 질문을 계속해서 수정하며 진행해야 합니다. 이 단계는 다음 작업이 진행되기 전까지 효과적으로 마무리되어야 합니다. '가장 바라는 희망'의 설정이 첫 회기를 시작하자마 완결될 수도 있지만, 어떤 경우에는 한 회기 이상이 필요할 수도 있습니다. 그렇지만 이것이 이루어지기 전에 상담의 다음 단계로 나아가는 것은 피해야 합니다.

Solution Building

in Couples Therapy

2단계

커플과의 연결

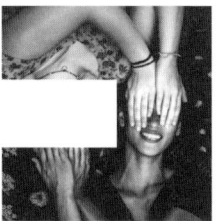

몇 년 전 해결중심상담이 탄생한 단기가족치료센터의 주요 멤버였던 이브 립칙(Eve Lipchik)을 만났습니다. 그때 나눈 대화는 해결중심상담에 대한 나의 훈련방식과 글쓰기에 큰 영향을 미쳤습니다. 해결중심상담에 대한 초기의 연구에서 그녀는 기법에 너무 많은 강조가 있었던 반면 상담자와 내담자 사이의 관계에 대한 강조는 충분치 않게 느껴졌다고 말했습니다. 립칙은 이에 대해 자신의 책 『정서지향 해결중심치료(Beyond Technique in Solution-Focused Therapy: Working with Emotions and the Therapeutic Relationship)』(2002)에서 반복해서 표현합니다.

립칙을 만나기 전 나는 런던에서 크리스 이브슨이 진행하는 훈련에서 문제로부터 자유로운 대화(problem-free talk)에 대해 알게 되었습니다. 많은 심리상담의 모델은 상담과정의 한 부분으로서 상담자에 의한 라포형성 과정을 포함하고 있습니다. 해결중심 상담에서는 라포형성은 단순히 내담자와 관계를 형성하는 것뿐만 아니라 내담자 삶의 긍정적인 부분이 드러나도록 하는 것이기도 합니다. 그렇게 하는 것은 상담자가 내담자나 커플을 그들의 문제 이상으로 볼 수 있도록 합니다(George et al., 2006). 다음은 앞서 보았던 미셸과 스테파니와의 대화입니다. 이 부분에서 상담자는 '가장 바라는 희망'을 설정하는 것에서 어떻게 문제로부터 자유로운 대화로 옮겨갈 수 있는지에 대해 보여 줍니다.

상담자	그러면, 그런 것들[앞에서 설정된 가장 바라는 희망]에 대해 얘기를 나누기 전 두 분에 대해 좀 더 알고 싶은데 괜찮을까요?
미셸	[울음] 전 지금 너무 감정이 복받치는데요, 우린 지금 정말 힘든 시간을 보내고 있거든요. 죄송해요. 그렇지만 제가 여기서만 이러는 것은 아니에요. 전 하루 종일 울어요.
상담자	죄송하지 않으셔도 됩니다. 그러면, 다음으로 진행하기 전에 두 분에 대해 좀 더 알고자 시간을 할애하는 것이 괜찮으실까요?
미셸	[더 이상 울지 않으며] 네.
스테파니	네.

상담자	두 분은 어디 출신이세요?
미셸	루이지애나요.
스테파니	텍사스 빌리요. 텍사스 남부의 아주 작은 마을이에요.
상담자	전 텍사스의 그쪽 지역이 좀 으스스하더라고요. 제가 처음 이곳으로 이사를 왔을 때 친구를 만나러 남부 텍사스로 운전을 해서 간적이 있거든요. 큰 도시를 빠져나와 어두운 고속도로를 타고 남쪽으로 내려갈 때 좀 오싹했어요. 그런데 갑자기 아무것도 없는 곳에서 샘 휴스턴의 번쩍거리는 거대한 동상이 나타나 깜짝 놀랐어요. 좀 무섭더라고요. 지금까지도 남부 텍사스를 생각하면 그 거대하고 무서운 동상이 생각나요.
미셸	[웃음]
스테파니	[웃음] 맞아요, 그 동상이 어디에 있는지 정확히 알고 있죠.
상담자	좋아요. 그러면 두 분은 이 지역에 얼마나 사셨나요?
스테파니	10년이요. 학교 다닌 것까지 치면 14년이네요.
상담자	뭘 하시고 싶어서 학교에 다니셨나요?
스테파니	교사가 되려고요. 전 유치원 교사에요.
상담자	아주 힘든 일인데요.
미셸	[웃음] 맞아요, 그래요! 만일 제가 그 애들과 하루 종일 지낸 다면 그 중 한 명을 죽일지도 몰라요.

상담자   [웃음] 유치원 교사 일을 좋아하시나요?

스테파니   네, 많이요. 30마일이나 떨어진 학교까지 운전하는 것만 빼고요. 대략 30명의 아이들을 가르치는데, 많은 편이죠. 그렇지만 학교는 제 경력을 고려해 제게 큰 반을 배정한 겁니다.

상담자   이상하게 들릴 수 있지만 제겐 칭찬 같은데요. 미셸, 당신을 무슨 일을 하시나요?

미셸   사실 전 최근에 직장을 옮겼어요. 보험사를 상대하는 회사에서 운영팀장으로 일해요.

상담자   최근에 전업을 했다고 말씀하셨어요. 얼마나 됐죠?

미셸   한 달 정도요.

상담자   그 일을 좋아하시나요?

미셸   아니요, 사실 전 오빠 회사에서 일을 하는데 그렇게 하는 것이 좋겠다 생각했죠. 그렇지만 일주일에 60시간이나 일을 하고 또 출장도 많이 다녀야 해요. 그런 것들이 우리 사이에 문제가 되었고 지금 우리가 힘들어 하는 부분이기도 해요.

상담자   꿈의 직장을 가질 수 있다면 뭐가 될까요?

미셸   전 자영업을 하고 싶어요.

상담자   어떤 직종이요?

미셸	사실 지금 전 경영행정학위과정에 다니고 있어요.
상담자	오, 와!
미셸	전 서비스와 관련한 직업을 갖고 싶어요. 제가 사람들을 행복하게 만드는 것을 좋아하기 때문이죠. 우리의 생각은 우선은 돈을 좀 벌 수 있는 프랜차이즈를 운영하고, 상황이 좀 나아지면 우리의 사업을 시작하는 거죠.
상담자	똑똑하신 분들이군요. 좋아요. 다른 것은요? 음, 아이는요?
미셸	네, 일곱 살 된 아들이 있어요.
상담자	이름이 뭔가요?
미셸	에드윈이에요.
상담자	누구의 아들인가요?
미셸	우리요. 누가 그 아이를 낳았는가를 물어 보시는 건가요?
상담자	네, 좀 더 분명하게 말씀드리지 못한 것에 대해 사과드려요.
미셸	제가 낳았어요.
상담자	여가시간에는 뭘 하시나요?
스테파니	요즘엔 아무것도 못해요.
상담자	전에는 뭘 하셨었나요?
스테파니	전에는 클럽도 가고 게임도 했었어요.
미셸	[웃음] 맞아요, 함께 비디오게임을 많이 했어요.
스테파니	맞아요, 몇 시간이나 그러곤 했었죠. 우린 비디오게임을

	참 좋아했었어요.
미셸	우리는 심지어 바에 가서 거기 있는 터치스크린으로 게임을 하곤 했어요.
스테파니	온 가족이 외출도 많이 했었고요. 식사도 하고 뭐 그런 거요.
상담자	즐거운 시간이 많았던 것으로 들리네요. 그러면 두 분이 함께 사신 것은 얼마나 되었나요?
미셸	5년이요.
스테파니	네, 5년 정도네요.
상담자	지금도 두 분이 함께 사시는 거죠, 그런가요?
미셸	네.
스테파니	네.
상담자	그래요, 두 분에 대해 알 수 있는 기회를 주셔서 감사해요. 혹시 저에 대해서 질문이 있으신가요?
미셸	아니요.
스테파니	없습니다.
상담자	질문을 꼭 하실 필요는 없어요. 그렇지만 제가 두 분의 사생활에 대해 좀 질문을 많이 했죠. 두 분이 원하시면 저에 대해서도 그렇게 하실 수 있는 기회를 드릴게요.
미셸	아니요, 전 됐습니다.

| 스테파니 | 지금은 별로 질문이 없습니다. 인터넷으로 선생님에 대해 조사를 좀 했어요. 제가 궁금했던 것은 거기서 다 알 수 있었습니다.

어떤 사람은 이 대화를 읽으며 상담자가 이룬 것은 아무것도 없고, 또 소중한 상담 시간을 낭비했다고 생각할 수도 있습니다. 사실, 이 대화에서 상담자는 커플의 긍정적 측면과 문제가 일어나기 전 그들이 어떻게 살았는지에 대해 알아보려고 했습니다. 립칙(2002)은 이 과정을 '건설적 경청(listening with a constructive ear)'이라고 불렀는데, 강점과 자원, 과거의 성공에 대해 탐색하고, 문제가 있기 전 또는 없을 때는 삶이 어떤 모습이었는지, 내담자가 원하는 것은 무엇이었는지 등 내담자의 삶이 앞으로 나아가기 위해 강화될 수 있는 긍정적 측면을 알아보는 것을 뜻합니다.

'건설적 경청'을 할 때 앞의 대화에서 주목할 부분이 있습니다. 그 커플은 분명히 사정이 나았던 때가 있었고, 질문을 했을 때 그러한 시간에 대해 말할 수 있었습니다. 그들은 서로를 포함하는 미래의 계획을 가지고 있었고, 목표를 이루기 위해 함께 노력할 수 있었습니다(예를 들면, 함께 가게를 열 계획을 가지고 있고, 아이를 키우며, 한 사람은 학위과정에 있었습니다). 그렇지만 우리의 라포형성 대화에서 밝혀진 이러한 것들과 다른 긍정적인 통찰 외에도 대화를 나누면서 커플의 태도도 변화된 것을 알 수 있습니다.

한 사람은 울며 "우린 지금 정말 힘든 시간을 보내고 있어요." 라는 말을 한 번 이상 할 정도로 감정적이었는데, 이제는 웃으면서 문제에 대해 말하는 것에만 신경을 쓰지 않게 된 것입니다. '건설적 경청'을 함으로써 나는 그들을 문제가 아닌 사람으로서 더 많은 관심을 가지고 대할 수 있었고, 그들은 서로에게 더 솔직할 수 있었습니다. 이것은 이 시점의 상담과정에서 흔히 일어나는 흥미로운 역동입니다.

커플과의 연결을 위한 상담자의 역할

처음 어떤 상담자가 해결중심상담을 진행하는 것을 관찰했을 때 그것은 너무 단순해 보였습니다. 상담자는 매우 복잡한 문제를 가진 한 가족과 상담 중이었음에도 그것은 어느덧 매우 분명해 보이는 해결에 대한 이슈로 전환되었습니다. 그렇게 하기 위해 상담자가 한 일은 단순한 질문을 하는 것 이상은 아닌 것처럼 보였습니다. 너무 쉽게 보였지만 막상 그 과정을 내가 따라해야 하는 순간이 되었을 때 현실은 전혀 그렇지 않다는 것을 깨달았습니다. 상담자가 한 일은 이후 이어질 해결구축의 과정에서 도움이 될 수 있는 정보를 끌어내기 위한 작업이었던 것입니다. 상담자는 다음과 같은 것들을 경청했습니다.

과거의 성공

모든 커플에게는 관계가 좋았던 과거가 있습니다. 그들은 최소한 얼마간의 공통적인 역사를 가진 하나의 팀으로 상담에 참여했습니다. 그들은 관계의 초기에 성공적인 커플이 되기 위해 틀림없이 무엇인가를 함께 했던 경험이 있습니다. 상담자는 그들의 관계가 어떻게 만들어진 것인지에 대해 듣고 과거와 현재에 무엇이 효과가 있었는지를 이해해야 합니다.

이것은 커플이 현재의 문제에 매몰되어 있기 때문에 어려운 과정입니다. 커플이 과거의 어떠한 성공적인 경험도 기억해 낼 수 없는 경우도 많습니다. 그렇지만 정보는 그들에게 있고 상담자의 과업은 그것을 수면 위로 떠오르도록 질문하는 것입니다.

체계적 자원

삶의 문제를 직면하고 있는 사람들은 그들의 재능보다는 결함과 단점을 더 많이 인식하는 경향이 있습니다. 어려움을 겪으며 살고 있는 커플은 너무나 불행해 해결로 향하는 길을 알아보지 못할 수 있습니다. 상담자의 역할은 그들이 '가장 바라는 희망'을 말할 수 있도록 개인이나 커플의 강점, 재능, 그리고 성공의 증거를 잘 듣는 것입니다. 긍정적인 자원이 바로 거기에 있습니다. 이것이 바로 해결을 향해 나아갈 수 있도록 커플을 이끌어 줍니다. 내담자에게 필요한 것은 그것을 다시 인식하는 것입니다.

문제가 있기 전이나 없을 때의 관계에 대한 기술

우리는 '악마는 디테일에 있다(the devil is in the details)'[*]는 말을 자주 듣습니다. 그렇지만 커플과 작업할 때 '아름다움도 디테일에 있다(the beauty is in the details)'는 말이 더 적절해 보입니다. 문제가 있기 전이나 없을 때 커플이 어땠는지에 대한 자세한 정보가 해결구축의 과정에 더 많이 기여할 수 있기 때문입니다. 이런 종류의 정보를 이끌어내는 것은 쉬운 일이 아닌데, 커플이 상담에 온 이유도 이를 생각해 낼 수 없었기 때문입니다. 이러한 정보를 끄집어내 현재 겪고 있는 문제만큼 기억할 만한 것으로 만드는 것이 상

---

[*] 역자 주: 사소한 일도 세심히 보아야 실수가 없다는 뜻으로, 여기에서는 문제중심의 시선으로 문제를 보면 문제가 더욱 부각될 수 있음을 의미한다.

담자의 일입니다. 커플이 상담에 올 때 많은 경우 그들은 문제에 대해 자세히 말할 수 있는 준비가 되어 있으며 상담자에게 문제에 대한 자세한 이야기를 합니다. 그러나 해결중심상담자가 관심 있는 정보는 이와는 완전히 다른 것입니다.

내담자가 진정으로 원하는 것

상담자가 귀 기울여야 할 가장 중요한 부분은 내담자가 원하는 것이 아니라 내담자가 진정으로 원하는 것입니다. 커플이 상담실에 올 때 우리는 상담에서 그들이 가장 희망하는 것에 대한 얘기를 나눕니다. 나는 보통 내담자로부터 가장 큰 꿈에 기초한 대답보다는 내가 최소의 대답(a minimum answer)으로 생각하는 가장 작은 희망에 기댄 대답을 듣습니다. 예를 들면, 한 커플이 "우린 더 이상 싸우고 싶지 않아요."라고 말할 수 있습니다. 이런 대답이 어떤 종류의 상담에서는 충분한 것일 수 있지만 해결중심상담자는 좀 더 상세한 정보를 찾아야 합니다. "두 분의 관계에서 그것을 성공적으로 제거할 수 있을 때, 싸움을 대체할 수 있도록 가장 원하는 것은 무엇인가요?" 이 질문은 문제가 없어지는 것에서 해결이 등장하는 것으로 커플의 언어를 바꿔 줍니다. 이것이 상담자가 경청해야 할 대답입니다.

존과 스테이시

존과 스테이시를 기억하는 것만으로도 즐겁습니다. 존은 첫 만남에서 정중하며 조용한 반면 스테이시는 활달한 모습이었습니다. 상담에서 '가장 바라는 희망'을 설정하기 위한 과정에서 스테이시는 할 말이 아주 많았고 존은 거기에 보탤 것이 별로 없었습니다. 그들을 더 잘 알기 위한 과정에서 스테이시는 계속해서 대화를 이끌었고 존은 대부분 조용히 앉아 있었습니다. 내가 그들에게 나에 대한 질문이 있는지 물었을 때 존의 긴장이 좀 풀리면서 조금 더 대화를 할 수 있었습니다. 회기를 마치며 나는 존과 스테이시에게 우리의 대화에서 도움이 된 것이 무엇이었냐고 물었습니다. 존은 내가 그들을 알기 위해 노력한 것과 내가 그들의 질문에 답을 제공한 것에 대해 감사를 표했습니다. 존은 스테이시와 과거에도 상담을 받은 적이 있는데 이번과는 달랐다고 말했습니다.

존의 대답은 나를 놀라게 했습니다. 나는 그가 가진 어떤 질문에도 답할 준비가 되어 있었지만 그는 어떤 질문도 하지 않았었기 때문입니다. 존의 말을 들으면서 내가 생각할 수 있던 것은 질문을 할 수 있는 기회만으로도 그와 연결되고 존중 받는 느낌을 전달할 수 있었다는 것입니다.

내가 내담자들에게 나에 대한 질문을 할 수 있는 기회를 어떻게 제공하게 되었는지는 잘 기억나지 않지만 나의 일 자체가 그들에게 굉장히 많은 질문을 하는 것이기 때문에 적어도 그렇게 하는 것이 공평할 것 같았습니다. 우리의 회기에서 이런 접근이 존에게는 가장 큰 도움이 되었습니다. 존에게 후반 작업에 필요한 기초를 제공했다는 생각이 들었습니다. 이를 통해 커플이 상담자와 연결되었음을 느낄 때 동기가 높아진다는 것을 다시 한 번 기억할 수 있었습니다. 이후 나는 존과 스테이시를 세 번 더 만났습니다. 그 커플은 그들이 '가장 바라는 희망'이 실현되었다고 느낄 수 있는 지점까지 발전했습니다. 단기간에 그들이 진정으로 원하는 것을 성취할 수 있었던 것을 생각해 보면 나는 존과의 연결이 감사할 뿐입니다.

・・・

　해결중심상담을 활용해 커플과 상담할 수 있도록 전문가들을 훈련시킬 때 가장 노력하는 부분 중 하나는 전문가들이 천천히 진행하되 다음 단계로 넘어가기 전 커플과 연결되도록 하는 것입니다. 이것은 상담자가 상담에서 할 수 있는 예술의 경지처럼 어려운 일일 수 있는데, 후에 효과적인 개입을 위한 기초를 다지는 일이기에 꼭 훈련이 필요한 과정입니다. 상담과정 중에 내담자는 상담자가 다른 길로 빠질 수 있는 흥미로운 얘기를 할 수 있습니다. 커플은 종종 상담에 매우 높은 수준의 불안과 고통, 그리고 함께 한 과거(history)와 동행합니다. 대화가 진행되고 그러한 과거가 다뤄질 때 상담자가 이러한 정보의 더 깊숙한 부분까지 파고들고자 한다면 대화는 쉽게 문제중심이 될 수 있으며, 이는 해결구축을 위한 대화를 더욱 어렵게 할 수 있습니다.

나는 개인과 커플이 문제에 대해 충분히 말할 수 있는 준비가 되어 상담에 올지라도 커플의 다짐보다도 상담자가 자신들을 돕기 위해 필요한 정보라 생각하는 것을 더 신뢰합니다. 대부분의 사람들은 해결이 문제와 밀접하게 연결되어 있다고 믿고 있습니다. 그래서 문제를 다루지 않고도 성공적일 수 있다는 말을 믿기 어려워합니다. 그러나 내 경험으로는 그들의 성공, 자원, 미래에 대한 대화를 나눈 이후 다시 문제에 대한 대화로 돌아가길 원하는 내담자는 없었습니다.

Solution Building

in Couples Therapy

3단계

허니문 대화
-커플의 성공적인 과거 살피기-

　상담자가 활용하는 용어 중에 '예외'는 내담자가 문제에도 불구하고 그들의 삶에서 뭔가 긍정적인 것을 의식적 또는 무의식적으로 할 수 있었던 때를 말하는데, 이런 것들이 잠재적인 해결을 위한 길을 열어줍니다. 예외는 해결중심상담의 중요한 부분입니다. 밀워키의 단기가족치료팀은 사람들이 어떻게 문제의 패턴을 깨고 해결로 향하는지를 이해하기 위해 연구했습니다(de Shazer, 1985). 그리고 이 원칙은 개인뿐만 아니라 커플에게도 적용될 수 있는데 고통을 받고 있는 커플이라도 마치 그들에게 아무 일도 없는 것처럼 행동했던 시간이 항상 존재하기 때문입니다. 바로 이런 부분이 문제와 상반되는 시점입니다. 우리는 과거 어느 시점에 그들이 서로를 선택한 것을 알고 있으며, 그런 그들의 과거에는 상담자가 반드시 탐색할만한 가치가 있는 예외가 많습니다.

다음은 미셸, 스테파니와 나눈 대화의 일부입니다.

상담자   5년간 함께하셨다고 말씀하셨는데, 두 분은 어떻게 만나셨나요?

미셸   [웃음] 클럽에서요.

스테파니   [웃음] 그것도 우리가 평소에는 가지 않는 클럽이었어요.

미셸   우리가 클럽을 많이 가는 것 같이 들리겠지만 사실 그렇진 않아요. 클럽이라기보다는 작은 맥주집 같은 곳이었어요.

상담자   그러면 두 분은 그 작은 맥주집에서 만나신 거군요.

미셸   [웃음] 아니요, 우린 클럽에서 만났어요. 사실 그곳은 이성애자들이 가는 클럽이었는데 친구들이 한번 가보자고 해서 그러자고 했죠.

스테파니   그때 전 이별을 한 직후였고 그래서 혼자였죠.

상담자   누가 먼저 알아보신 건가요?

미셸   저요.

상담자   비록 5년 전 일이지만 스테파니의 어떤 부분이 관심을 끌었나요?

미셸   그녀의 걸음걸이요. 걸어다니는 모습이 정말 섹시했어요.

상담자   와, 대답을 정말 빠르게 하셨네요. 그러면 스테파니의 걸음걸이가 관심을 끌었군요?

미셸	네, 사실 그녀의 모든 것이요, 주위를 돌아보는 모습까지도.
상담자	그것의 어떤 부분이 그렇게 섹시했나요?
미셸	모든 게 다요. 옷매무새, 눈길, 얼굴 표정까지요.
상담자	스테파니, 당신은 언제 미셸을 알아보셨나요?
미셸	제가 그날 밤 사람들의 이목을 좀 끌었죠.
스테파니	맞아요, 그날 밤 클럽에 있는 모든 사람이 미셸을 쳐다봤어요. 저는 그날 밤 혼자였기 때문에 모르는 사람들과 출입구 쪽 테이블에 앉아 있었어요. 그런데 미셸이 들어오자마자 제게 "이름이 뭐예요?"라고 물어 모두 깜짝 놀랐죠.
상담자	잠깐만요, 당신이 그랬다고요?
미셸	[웃음] 네.
스테파니	전 정말 깜짝 놀랐어요. 그리곤 '내게 말을 걸기 위해 모두를 놀라게 한 이 사람은 누구지'라는 생각을 했죠. 그게 제 호기심을 자극했어요. 전 그녀에 대해 좀 더 알아보길 원했죠.
상담자	그날 밤 당신이 미셸에 대해 더 알아가게 되면서 어떤 점을 좋아하게 되었나요?
미셸	[웃음] 제가 좀 섹시했죠.
스테파니	맞아요, 그렇지만 그 이상이었죠. 그녀는 매력적이었고 그게 저를 정말 놀라게 했어요.

미셸	스테파니는 그날 밤 제가 한 모든 것을 기억하고 있죠.
스테파니	네, 저 사람이 뭘 했는지 지금까지도 정확히 기억하고 있죠.
상담자	정말이요? 매력을 느꼈다는 것을 미셸에게 어떻게 보여 주셨어요?
스테파니	음, 미셸이 나중에 춤을 추기 시작했는데 저도 함께 췄죠. 그런데 큰 사건이 하나 있었죠.
미셸	[웃음]
스테파니	제 헤어진 애인이 클럽에 나타나 우리 둘 사이에 낀 거예요. 그 사건이 있은 후 제가 미셸에게 가서 사과를 했죠.
미셸	전 그 사람이 스테파니의 애인이라고 생각했어요. 그래서 '아이고, 실수를 했네.'라고 생각했죠. 그렇지만 스테파니가 사과를 했고 헤어진 사람이라고 말했어요.
상담자	사과를 하러 가셨다고요?
스테파니	네, 전 미셸에게 그 사람이 전 애인이라는 것을 밝히고 싶었고 제 전화번호를 주었죠. 과거의 누군가가 현재를 망치게 하고 싶지 않았어요. 그 사람이 왜 그랬는지 잘 모르지만 전 제가 알고 싶어 하는 사람을 그녀가 위협해 쫓아 버리게 하고 싶진 않았어요.
상담자	네, 그러면 두 분이 사귀기까지 얼마나 걸렸나요?
미셸	3월 24일이니까 한 달 정도 걸린 것 같아요.

상담자   초기의 관계에서 좋았던 것은 무엇인가요?

미셸   우린 모든 것을 함께 했죠.

상담자   어떤 일을 함께 하셨나요?

미셸   모두요. 슈퍼에도 함께 갔고, 제 아들과 함께 쇼핑몰에도 같이 갔어요. 우리가 했던 모든 것을 함께 한 셈이죠. 그때는 지금 우리의 삶처럼 분리되어 있지 않았었죠.

스테파니   네, 미셸은 해슬렛에 살았고 저는 달라스에 살았어요. 먼 거리였지만 제가 매일 가려고 했죠. 적어도 주말에는 빠지지 않고 미셸을 보러갔어요. 퇴근 하자마자 집으로 돌아가 미셸을 보러 가려고 서둘렀죠.

상담자   아주 장거리 운전인데요.

스테파니   [웃음] 그러게요.

상담자   그때는 두 분이 행복하셨던 거죠?

미셸   네.

스테파니   네.

상담자   제가 만일 그때 두 분의 친구였다면 두 분이 행복하다는 것을 어떻게 알 수 있었을까요?

미셸   왜냐면 우리는 항상 웃고 있었고, 우리에겐 사랑하는 감정을 가질 때 오는 그런 생기가 있었죠.

상담자   스테파니, 같은 질문이에요. 제가 만일 그때 두 분의 친구

	였다면 두 분이 행복하다는 것을 어떻게 알 수 있었을까요?
스테파니	아마 그때 저를 절대 못 만나셨을 거예요.
미셸	[웃음]
스테파니	[웃음] 친구로서 당신은 아마 화가 나고 질투심을 느꼈을 거예요. 왜냐면 저는 항상 미셸과 함께였기 때문에 제가 절대 곁에 없었을 거예요.
상담자	[웃음] 그러면, 제가 당신을 많이 보진 못했겠군요. 만일 제가 당신과 전화통화를 할 수 있었다면 당신의 관계를 어떻게 설명하시겠어요?

상담회기의 이 시점에서 미셸은 스테파니의 무릎에 손을 얹었고 나머지 시간 동안 계속 같은 모습을 유지했습니다.

스테파니	잘되고 있었어요, 정말 잘되고 있었어요.
상담자	그것이 얼마나 오래 갔나요?
미셸	나빠진 것은 불과 얼마 전이에요. 스테파니는 다르게 생각할지도 모르지만요.
스테파니	전 4년 정도라고 해야겠네요.
상담자	와, 두 분이 그런 행복을 4년이나 유지할 수 있었다고요?
스테파니	네, 이렇게 나빠진 것은 일 년 정도예요.

상담자	두 분은 어떻게 그렇게 오랫동안 행복을 유지할 수 있었나요?
미셸	잘 모르겠어요. 그렇지만 제겐, 스테파니가 제게 정말 잘 해줬어요. 전 정말 그것에 너무 익숙해졌죠. 스테파니가 저를 진심으로 사랑한다는 것을 알아요. 그것에는 어떤 조건도 없죠. 제 체중이 많이 불었어도 아무 것도 변하지 않았죠.
상담자	그러면 무조건적으로 당신을 사랑할 수 있는 스테파니의 능력이 두 분의 관계를 그렇게 오랫동안 유지할 수 있었던 건가요?
미셸	네, 절대적으로요.
상담자	스테파니, 미셸의 무엇 때문에 그렇게 오랫동안 좋은 관계를 지속시킬 수 있었나요?
미셸	전 이 대답을 꼭 듣고 싶네요.
스테파니	그건 미셸의 성격과 그녀가 항상 저를 지켜주고 있다는 것이죠. 그녀의 행동은 제가 행복하길 바라는 진실한 마음을 잘 보여 주죠. 미셸은 저를 사랑하고 제가 필요할 때 그곳에 있었어요. 그리고 그녀의 아이도요. 전 정말 우리가 한 가족인 것이 너무 좋았어요.

상담자가 각자에게 좋았던 때의 관계에 대한 상세한 정보에 큰 관심을 보인 부분을 주목하세요. 물론 모든 정보가 중요하지만 어떤 것이 앞으로 이 커플에게 이전과 다른 경험을 할 수 있도록 이끌어 줄지 모르기 때문입니다. 미셸이 스테파니의 무릎에 손을 올리고 있을 때 그것은 미셸이 상담 초기에 보였던 모습과는 상반된 것이었습니다. 커플의 성공적인 과거에 대한 자세한 정보가 등장하자 미셸은 더 마음을 열었고, 서로 뭔가가 통하는 듯 행동도 바뀌었습니다. 상담의 이 시점에서는 긍정적인 느낌이 너무 강해 문제에 대해 얘기해 보자는 말조차도 상담실 안의 모든 사람에게 낯설고 적절하지 않은 것처럼 보였습니다.

커플의 성공적인 과거 탐색을 위한 상담자의 역할

커플의 성공적인 과거에 대해 살필 때 상담자가 해야 할 일은 아주 사소한 정보일지라도 발견하고 이를 논의하는 겁니다. '아름다움은 디테일에 있다'는 말처럼 상담자의 역할은 그러한 때에 대해 호기심을 보이는 겁니다. 상담실을 찾는 많은 커플은 두 사람 모두에게 어떤 식으로든 영향을 미친 중하거나 트라우마가 될 만한 문제를 경험합니다. 대부분의 경우 그 문제는 커플의 관계가 과거 어느 시점에서는 좋았었다는 것을 잊게 하거나, 그들의 행복했던 삶으로 다시 돌아갈 수 없을 것이라는 절망에 빠뜨립니다. 과거의 좋았던 시간에 대한 대화가 잊혀진 날들의 긍정적 측면이 현재에 되살아나도록 이들에게 긍정적인 효과를 줄 수 있습니다.

몇 년 전 해결중심상담에 대한 한 콘퍼런스에서 진행자는 내게 자신이 해결중심상담을 좋아하는 이유 중 하나가 상담에 대한 내담자의 동기가 매우 높기 때문이라고 말했습니다. 그 말이 해결중심상담을 받는 내담자들이 다른 종류의 상담을 받는 내담자들보다 더 높은 동기를 가지고 있다는 것을 의미하는 것은 아닙니다. 내담자가 해결중심질문에 답하는 과정에서 내담자의 과거 중 가장 좋았던 때가 살아나는 경험을 하고, 이것이 동기를 강화시킨다는 뜻이었을 겁니다. 커플과 상담을 진행할 때 상담자는 커플이 상담소까지 오도록 한 최소한의 동기를 가지고 있음을 항상 기억해야만 합니다. 만나본 커플 중 여럿은 이혼을 앞두고서 '해볼 건 다 해봤다는' 말을 하기 위해 상담을 찾았다고 말했습니다. 마치 이혼이 확정된 결론이고 상담은 그곳으로 가기 위한 하나의 과정인 것처럼 말이죠. 사실일지도 모르지만, 그들에게 어느 정도의 희망이 남아있지 않다면 상담에 굳이 오지 않을 것이라는 것 또한 사실입니다. 상담자는 대화에 희망을 불어 넣을 수 있어야 합니다.

상담자의 목표는 단지 커플의 성공적인 과거에 대한 상세한 정보를 알아내는 것만이 아니라 그러한 성공을 그들이 만들어 냈었다는 점을 깨닫게 하는 것입니다. 쉬워 보이지만 대부분의 사람들은 그들의 실패에 대한 비난을 받는 것보다 성공에 대한 자신의 공을 인정하는 것에 더 어려움을 느낍니다. 마치 긍정적인 과거는 바꿀 수 없고 되돌아갈 수 없는 외부 요인 때문에 생겼다고 믿는 것처럼 보입니다.

한 예로 어떤 커플이 과거에 그들은 행복했는데 그 이유로 그때는 서로에게 집중할 수 있었고 관계를 쌓을 수 있는 시간이 있었지만 자녀가 생기거나 직장에서의 책임이 더 커지면서 서로에게 집중할 수 없어졌다고 말할 수 있습니다. 그것이 사실이고 맞는 말일 수도 있지만 이는 성공적인 과거가 오로지 주변 환경 때문에 가능했다고 말하는 것이기도 합니다. 많은 커플이 그러한 환경에서 함께 많은 것을 성취할 수 있도록 한 자신들의 공을 인정하지 못합니다.

두 분은 어떻게 만나셨나요?

"어떻게 만나셨나요?" 이 단순한 질문에 답하는 것은 커플이 현재의 문제 대신 긍정적인 과거에 대한 대화를 가능케 하는 시작입니다. 나는 그 질문에 답하는 커플의 방식에서 하나의 패턴을 발견한 후 이 질문을 일상적으로 묻기 시작했습니다. 내가 이 질문을 처음 하기 시작했을 때 한 커플은 몇 년간 결혼생활을 유지하고 있었지만 배우자의 불륜과 다른 문제로 이혼을 생각하고 있었습니다. 둘 사이에는 굉장한 아픔과 분노가 있었습니다. 우리의 첫 회기에서 두 사람은 관계에서 생긴 문제에 대해 서로를 비난했습니다. 소리를 지르고, 욕을 하고, 어떤 시점에 이르러서는 부인이 상담을 더 이상 할 수 없다는 협박까지 했습니다. 나의 최선의 노력에도 불구하고 둘 사이의 언쟁은 멈추지 않았습니다.

나는 본능적으로 회기를 끝내고 싶었습니다. 상담이 어느 방향으로도 가지 못하고 도움보다는 오히려 해가 될 것 같았기 때문입니다. 그러다가 이전 상담에서 만났던 커플에게 아주 효과적이었던 "두 분은 어떻게 만나셨나요?"라는 질문이 생각났습니다.

이 질문을 하자마자 두 사람의 태도는 거의 순식간에 변했습니다. 그들은 서로 어떻게 함께 하게 되었는지에 대한 이야기를 하면서 처음으로 웃었습니다. 내가 지금까지 들었던 가장 아름답고 로맨틱한 이야기를 하며 두 사람의 몸짓, 목소리, 대화의 내용 등 그들의 모든 것이 변했습니다. 그들이 어떻게 만났는지에 대한 자세한 이야기가 수면으로 올라오자 그들은 마치 그때로 다시 돌아간 것처럼 보였습니다. 두 사람은 초기에 관계를 쌓을 수 있었던 것에 대해 서로에게 공을 돌렸습니다. 그들을 두 번째 만났을 때 그들은 많은 변화가 있었다고 말했고, 관계 초기에 대한 얘기를 나눌 수 있었던 것이 촉매제가 되었다고 말했습니다.

이제 두 사람이 어떻게 만났는지를 묻는 것은 내게 표준적인 실천방법이 되었으며, 그 결과는 거의 예외 없이 유사합니다. 모든 커플은 어떤 시점에 이르러 함께 할 것을 선택하며, 그러한 선택은 서로가 함께 존재할 수 있었다는 점을 인정하는 것이기 때문에 이에 대해 질문할 수 있는 근거가 됩니다.

성공에 대한 기여 인정하기

앞서 언급한 것처럼 종종 사람들은 내게 그들의 관계에서 경험하는 불행은 그들이 가지고 있거나 또는 부족한 개인적인 특성에 기인한다고 말하며 자신들의 성공을 외부의 요인으로 돌립니다. 아이가 있기 전 또는 이사하기 전 또는 직업을 바꾸기 전 우리는 행복했었다고 말하는 식입니다. 그러나 그들의 삶에서 좋았던 시간과 그런 시간에 대한 자신들의 기여에 대해 말할 수 있도록 초대할 때 사람들은 그 초대에 응하고 하나씩 해결을 구축하기 시작합니다.

　패트릭과 앨리슨은 최근 그들의 관계가 멀어지기 시작하면서 나를 찾아왔습니다. 앨리슨에 의하면 패트릭은 대화를 잘 못하는 사람이고 패트릭에 의하면 앨리슨은 잔소리꾼이었습니다. 그러나 두 사람이 일치하게 말한 것은 패트릭이 몇 년 전 개인 사업을 시작하기 전까지는 사이가 좋았고 행복했다는 겁니다. 사업은 수십 명의 직원을 둘 정도로 성공적이었으며, 커플 수입의 대부분을 차지했습니다. 첫 회기에서 패트릭은 자신은 사업에 전력을 다하고 집으로 돌아오기 때문에 더 이상의 에너지가 없다고 했습니다. 앨리슨은 자신은 전업주부로 종일 아이를 돌보기 때문에 남편과 '어른만의 대화'를 고대하고 있는데 패트릭이 자신과 대화를 하지 않을 때 잔소리를 하게 된다고 했습니다. 그 커플은 내가 둘 사이의 문제에 대한 이해를 가질 수 있도록 강하게 말을 했습니다. 그리고 그들에게 만나서 가장 행복했을 때까지의 관계는 어떤 모습이었는지에 대해 물었을 때 그에 대해서는 별로 아는 바가 없는 듯 보였습니다.

　그러나 그들의 성공적인 과거에 대한 자세한 얘기들이 나오며 패트릭과 앨리슨은 "어떻게 그렇게 하실 수 있었어요?" 또는 "당신이 좋았다는 것을 상대방이 알 수 있도록 어떻게 했었나요?"와 같은 질문에 답하며 그들은 각자의 기여에 대해 알게 되었습니다. 그러한 질문에 대해 말로 표현하고 서로에게 말하며 그들은 자신들의 성공에 대한 서로의 기여를 인정하고 자신은 물론 관계에서의 강점까지 발견할 수 있었습니다. 관계를 이루면서 성공을 이끈 각자의 특성에 대한 목록을 작성하는 것은 회기 간 수행할 과제가 되었고, 작성할 특성이 그 주에 그들의 삶에서 어떤 역할을 했는지도 관찰하도록 도왔습니다.

두 번째 상담에서 패트릭과 앨리슨은 달라보였습니다. 그들은 좀 더 행복하고 서로에게도 더 다정해 보였습니다. 그들은 몇 년 만에 가장 좋은 한 주를 보냈다고 했습니다. 두 사람 모두 존중되고 경청받고 있음을 느꼈으며 애초에 상담을 받도록 한 문제행동은 상당히 줄었다고 했습니다. 한 주 만에 어떻게 그런 변화를 만들 수 있었는지에 대해 묻자 그들은 첫 회기에 나눈 대화가 도움이 되었다고 했습니다. 패트릭이 사업을 시작하기 전 그들의 관계를 어떻게 쌓을 수 있었는지 그리고 그 과정에서 각자의 역할은 무엇이었는지에 대해 기억한 것이 크게 도움이 되었다고 했습니다. 패트릭에 의하면 그들은 누구에게도 자신들의 예전 이야기를 한 적이 없었고, 과거의 행복에 서로가 어떤 역할을 했었는지에 대해서 생각해 본 적이 없었습니다. 이제 그들은 과거에 효과가 있었던 그들의 행동에 대해 알게 되었고, 현재에 그러한 일들을 다시 시작하는 것이 더 쉬워졌습니다.

말로 표현하기

최근에 나는 커플을 대상으로 한 집단상담을 진행했는데 참가자 중 누군가가 왜 수많은 결혼이 실패하는지에 대해 물었습니다. 비록 그 질문은 답을 하기에 너무 광범위한 것이었지만 내겐 몇 가지 생각이 있었습니다. 첫째, 우리가 다른 사람과 많은 시간을 보냈을 때 우리는 마치 서로를 잘 아는 것처럼 느끼며, 그것은 우리로 하여금 상대에 대한 가정(억측, 가설)을 하도록 합니다. 성공적인 과거에 대해 알아보고 그것을 말로 표현하게 되면서 우리는 그러한 가정이 어떤 때는 정확하지가 않다는 것을 알게 되고, 심지어 우리의 잘못된 가정이 긍정적이고 도움이 되는 행동에 방해가 되기도 한다는 것을 알게 됩니다. 패트릭과 앨리슨의 경우 그들이 첫 회기에 도착했을 때 이미 상담을 받게 된 문제에 대해 말할 준비가 되어 있었으며, 그러한 이슈에 대해 아주 잘 알고 있는 것이 분명해 보였습니다. 그러나 서로의 마음을 얻을 수 있도록 무엇을 했는지에 대해 물었을 때 이에 대해 대답하는 것은 어려워했습니다. 사실, 이들은 서로에 대한 질문에 답을 해본 적이 없다는 것을 인정했습니다. 이러한 반응은 흔한 것이지만 나를 매번 놀라게 합니다. 커플은 긴 시간 동안 문제의 본질과 문제에 대한 각자의 역할에 대해 말했습니다. 그러나 문제의 본질이나 각자의 역할에 대한 인식에 서로 동의하지 않았기 때문에 그들의 대화는 늘 파괴적인 논쟁으로 변하기 쉬웠습니다. 이들은 애초에 서로에게 어떤 매력이 있었는지에 대해서는 질문을 받아본 적이 없습니다. 내게 그 질문을 받게 되었을 때 뭐가 자신들이 좋은 커플이 될 수 있도록 만들었는지 처음으로 알게 되었습니다. 이러한 이야기를 말로 표현함으로써 두 사람은 그들의 과거 행동에 대한 칭찬을 듣게 되었고, 자신의 상대가 좋아하는 것에 대한 새로운 정보를 알게 되었습니다.

문제중심 관점의 커플상담자들은 흔히 해결중심상담의 단점 중 하나가 과거를 무시하는 것이라고 말합니다. 그러나 그것은 정확한 말이 아닙니다. 비록 해결중심접근이 미래지향적인 것이 사실이고 또 상담자가 미래지향적 질문의 활용에 대해 이해해야 하지만, 그것은 주로 커플들이 자신의 과거에 대해 오해를 하기 때문입니다. 드세이저가 말했듯(Zeig & Gilligan, 1990) 비록 커플의 과거가 많은 성공을 담고 있더라도 이들은 현재 잘못된 것만을 이해하려고 애쓰고 있으며 과거의 긍정적인 부분을 간과하는 경향이 있습니다. 따라서 해결중심상담자가 커플과 과거를 살펴볼 때는 문제가 아닌 성공적인 경험을 다루어야 합니다.

해결중심 옷장

몇 년 전 해결구축의 대화를 활용해 40대 중후반의 한 커플과 과거를 성공적으로 탐색한 적이 있습니다. 그 커플은 3회기 이후 그들이 바라는 희망이 현실이 되었기에 더 이상 상담이 필요하지 않게 되었습니다.

한 달 후 남편은 자신들이 받은 상담이 어떤 것인지에 대한 설명을 듣기 원했습니다. 계속되는 부부의 변화가 믿기지 않아 그 비밀을 꼭 알고 싶다고 했습니다. 그리고 그 후 남편은 '해결중심 옷장'이라는 제목의 편지를 한 통 보내왔습니다.

남편과 아내 모두 그들의 과거를 살펴보는 시간, 특히 서로가 사랑에 빠졌을 때 각자의 역할이 어땠는지 대화를 나눌 때가 가장 좋았다고 편지에 썼습니다. 덕분에 서로에게 가졌던 감정에 대한 기억을 다시 소환해 낼 수 있었고, 부부의 속 깊은 감정들이 표출되면서 문제 해결에 도움이 되었다고 했습니다.

남편은 이 경험을 여행을 준비하기 위해 옷장을 여는 과정에 비유했습니다. 보통 옷장에는 버릴 계획은 없지만 잘 입지도 않는 옷을 넣어 두곤 하는데 평소에는 별로 주목을 받지 못합니다. 그런데 휴가를 준비할 때는 다릅니다. 나를 돋보이게 하는 옷, 잘 보이게 하는 옷만 고르면 됩니다. 나머지는 그냥 옷장에 넣어 두면 됩니다. 어차피 여행에는 다 가져갈 수 없으니까요.

남편은 상담을 통해 나쁜 기억의 옷들은 옷장에 넣어 두고 좋은 기억의 옷만 미래로 가져가면 된다는 것을 깨달았다고 했습니다. '결혼은 도움이 될 과거만 선택하는 것'이라는 남편의 편지가 아직도 기억에 남습니다.

벼랑 끝에서 돌아오기

아론과 멜린다는 아주 활동적인 커플입니다. 관계를 개선해 모든 것이 제자리로 돌아와 행복해질 수 있도록 상담을 받기를 원했습니다.

그들도 다른 커플들과 마찬가지로 로비 반대쪽 끝에 앉아 상담을 기다리고 있었습니다. 보통 처음 상담을 시작하면 매우 가라앉은 상태에서 시작을 하는데 이 커플은 달랐습니다. 멜린다는 아론에게 매우 화가 나 있었습니다. 욕이 섞인 말로 멜린다는 남자로서, 또 남편으로서 더 이상 아론을 존경할 수 없으며 예전에 자기가 알던 그 사람이 아니라고 했습니다. 비만과 우울에 빠진 한 남자로만 대했습니다. 대신 아론은 조용했습니다. 그저 아내와 행복했던 시절로 돌아가고 싶다고만 했습니다.

상담 중 멜린다가 경제적으로 어려운 가정에서 성장했음을 알 수 있었습니다. 그녀는 자신이 가장 두려워하던 경제적 파산을 또 다시 경험하게 된 것입니다. 성공한 사업가였던 아론은 집과 차, 가정 모두를 잃었습니다. 그러나 멜린다의 분노 뒤에는 남편을 사랑하고 존중하는 마음이 있었습니다. 아론도 마찬가지로 아내를 아끼고 있었습니다. 서로 좋았던 관계를 그리워하고 있었습니다. 그래서 어떻게 좋은 커플로 지낼 수 있었는지 알아보는 것이 이들의 결혼을 구할 수 있는 좋은 해결구축의 시작이라고 판단했습니다.

커플들은 자신의 결혼 생활이 긍정적으로 변화되는 것에 놀라곤 합니다. 하지만 그런 엄청난 변화도 실제로는 아주 단순한 방법에서 시작됩니다.

이 커플도 두 사람이 행복했던 과거에 대해 자세히 물어볼수록 행복한 마음을 표현하기 시작했습니다. 대화의 톤이 달라졌고, 특히 멜린다가 아론에게 말하는 방식이 달라졌습니다. 결국엔 남편을 칭찬하기에 이르렀습니다. 지금은 경제적으로 어려움이 있지만 해결을 위해 노력하고 있다는 것도 알고 있었습니다. 멜린다의 말에 아론은 흐느끼기 시작했습니다.

"내가 얼마나 열심히 일하고 있는 줄 저 사람이 모른다고 생각했어요."

이후 멜린다는 아론에 대한 칭찬을 계속했는데 누구도 하기 힘든 어려운 일을 열심히 하고 있다는 점에 감사를 표하기도 했습니다.

사업에 실패하고 아론은 의료기기 회사에서 영업을 했습니다. 예전에 비해 보잘 것 없는 일이었지만 작은 일에도 최선을 다 하고 있으며, 다시는 가족을 실망시킬 수 없다는 의지로 열심히 일하고 있었습니다.

회기가 계속되면서 좀 더 미래에 초점을 둔 대화로 전환할 수 있게 되었습니다. 커플의 성공적인 과거에 대해 철저하게 알아봄으로써 대화의 다음 무대가 마련된 것입니다. 내가 아론과 멜린다를 처음 보았을 때 그들 사이에는 큰 분노와 상처뿐이어서 미래에 대한 온전한 대화를 나눌 수 없었습니다. 하지만 멀지 않아 이러한 새로운 방식의 생각과 말이 등장하며 미래에 대한 대화가 도움이 될 것을 알 수 있었습니다. 성공적인 과거가 다시 구축된 후 미래는 어떤 모습일지 이야기를 나눌 수 있게 되었습니다. 회기 끝에 커플의 태도는 눈에 띄게 달라졌습니다.

2주 후 상담을 위해 다시 만났을 때, 그들의 변화를 느낄 수 있었습니다. 그들은 로비에서 웃고 있었으며 어떤 다툼도 없었습니다. 몇 개월 만에 처음으로 친밀함을 느낄 수 있다고 했습니다.

더 이상 상담이 필요할 것 같지 않았습니다.

몇 달 후 사진 한 장을 받았습니다. 새 집을 배경으로 서 있는 아론과 멜린다였습니다. 상담을 하면서 몇 번의 눈물을 흘린 적이 있었는데 이때가 그 중 하나였습니다.

예외 찾기

'예외'는 내담자의 문제와 직접 연결되지 않은 무언가를 말합니다. 드세이저(1985)는 예외를 "문제의 규칙을 따르지 않는 것"으로 기술했는데 내담자들은 종종 문제가 없는 것처럼 행동을 하기도 합니다. 예를 들어, 한 커플이 "우리는 대화하는 법을 배워야 해요."라고 했다면 그들은 좀 더 대화를 하고 싶다는 기대를 가지고 있는 것입니다. "우리는 동의하는 법을 몰라요." 또는 "우리는 잘 지낸 적이 한 번도 없어요."도 같은 말입니다.

모든 커플은 대화를 잘 나눌 수 있고 잘 지낼 수 있는 법을 알고 있습니다. 다만 이미 그런 기여를 하고 있다는 인정을 받을 수 있었던 기회가 없었을 뿐입니다. 대화하는 법을 정말 몰랐다면 부모의 역할도 할 수 없었고, 저녁 메뉴조차 결정하지 못했을 겁니다. 물론 부부의 문제를 해결하기 위해 상담을 받자는 결정도 내리지 못했을 겁니다.

'예외'는 해결중심상담자가 관심 가져야 할 주요한 정보를 제공해 줍니다. 내담자가 문제의 규칙을 따르지 않을 때 현재의 문제를 해결할 수 있는 잠재적인 길이 열리기 때문입니다. 보통 이런 길은 내담자도 인식하지 못한 채 발생하기 때문에 이를 발견하고 해석하는 것이 상담자의 역할입니다. 이런 과정 속에서 커플은 자신만의 해결법을 배우게 됩니다.

좋은 소식은, 커플과 상담을 할 때 항상 예외가 있다는 것입니다. 완벽한 커플은 없다는 것을 반박할 사람은 많지 않을 겁니다. 반대로 완벽한 문제 커플도 없습니다. 행복한 커플도 문제가 있고 불행한 커플도 그 나름대로 강점을 가지고 있습니다. 그래서 '예외'를 발견하고 강화하는 시간을 갖는 것이 해결중심상담을 커플상담에 적용할 때 매우 중요합니다.

원하는 미래의 모습을 살펴보기 전에 예외와 커플의 성공적이었던 시간을 살펴보는 것은 대화의 방향을 전환할 수 있는 계기를 마련해 줍니다. 커플의 긍정적인 측면을 다루는 대화는 상담 초기에 즉각적인 효과를 가져 옵니다. 대부분의 사람은 실패와 아픔보다는 강점과 희망을 좋아합니다. 그래서 분노는 사그라들며 회의적인 시각은 희망적으로 변합니다. 이런 식으로 대화의 강조점이 변할 때 미래를 향한 다음 단계로 나갈 수 있게 됩니다.

●●●

인간은 위대합니다. 원하는 인간관계를 만들어 낼 수 있다는 것은 정말 위대한 일입니다. 그런데 그 위대함은 관계 속에서 어려움이 생기면 사라집니다. 그냥 문제만 해결하고 싶은 마음에 인간의 위대함은 보잘 것 없어 보이게 됩니다.

해결중심상담에서 허니문 대화의 역할은 과거의 성공을 돌아보고 그러한 성공에 대한 두 사람의 기여를 인정함으로써 위대함을 재확인할 수 있도록 도움을 줍니다. 단순해 보이지만 쉬운 과정은 아닙니다. 서로의 위대함을 인정해야 하지만, 상담을 통해 나누고 싶은 이야기와 상반된 주제이기에 이를 다루기란 쉽지 않습니다.

해결중심상담은 미래에 초점을 둔 상담 방법으로 알려졌지만 이는 정확한 설명은 아닙니다. 커플의 성공적인 과거를 살펴보는 것은 상담에서 매우 중요한 과정이며, 이를 통해 결국 커플 서로가 원하는 미래를 좀 더 유용하고 효과적인 방식으로 구축할 수 있도록 도울 수 있습니다. 해결중심 대화를 통해서 말이죠.

이는 이전의 행복한 시간으로 돌아가는 것과도 같습니다. 이런 변화는 현재의 불행이 아닌 행복했던 과거의 시점에서 미래를 바라볼 수 있도록 합니다.

Solution Building

in Couples Therapy

나의 관심은 늘 미래에 있다.
내 삶의 나머지를 거기서 보낼 것이기 때문이다.

- 찰스 케터링

4단계

더 나은 내일 그리기

미래에 대한 가정을 담은 혁신적인 기법으로 '기적질문'이 있습니다. 스티브 드세이저는 기적질문을 다음과 같이 표현했습니다.

> 어느 날, 주무시는 동안에 기적이 일어나 문제가 해결되었다고 가정해 보세요. 그것을 우리는 어떻게 알 수 있을까요? 무엇이 다를까요? 기적에 대한 말을 하지 않은 상태에서 기적이 일어났다는 것을 배우자는 어떻게 알 수 있을까요? (de Shazer, 1988)

기적질문은 커플의 대화가 현재 당면한 문제에서 문제가 없는 미래에 대한 것으로 그 초점이 옮겨가는 것뿐만 아니라 사용하는 언어까지도 바뀔 수 있도록 돕는 미래지향적 질문입니다. 이러한 방식으로 대화방향을 전환하는 것은 비교적 단순한 일이지만,

실제로 일어나게 하는 것은 훈련을 요하는 일입니다. 회기 내에서 기적질문을 하고 답했던 과정이 담겨 있는 미셸과 스테파니와 나눈 대화에서 살펴보기로 하겠습니다.

상담자 한 번 상상해 보세요. 내일 아침, 여느 때와 똑같이 일어났는데, 무슨 일인지는 모르지만 두 분이 저에게 말해왔던 연애 초기 그 사랑의 감정이 돌아온 거예요. 그것을 어떻게 알아차릴 수 있을까요? 밤사이에 일어난 일이라면 그것을 알 수 있는 첫 신호는 무엇일까요?

미셸 제가 울면서 일어나진 않겠죠.

상담자 대신 뭘 하게 될까요?

미셸 웃으며 행복해 할 것 같아요. 함께 안고 키스하고…

상담자 두 분 중 누가 먼저 일어나시죠?

스테파니 저요.

미셸 전 대부분 집에서 일을 하거든요.

상담자 그러면, 스테파니. 당신이 먼저 일어나는 분이니 뭘 보면 '오늘은 뭔가 다른데'라는 생각이 들까요?

스테파니 미셸에 대해서요? 아니면 저에 대해서요?

상담자 둘 다요.

스테파니 글쎄요, 아마도 미셸이 일어나 제가 출근을 할 때 '잘 다녀

	와'라거나 '사랑해'라고 한다거나 뭐 그럴 것 같은데요.
상담자	미셸이 비슷한 말이나 행동을 했던 다른 때와 비교해서 그날 당신에게 '잘 다녀와'라고 하거나 '사랑해'라고 말하는 방식이 어떻게 다를까요?
스테파니	미셸이 조금 더 길고 진하게 키스를 해 줄 것 같아요.
상담자	당신은 어떻게 반응할 것 같아요?
스테파니	저도 같은 방식으로 키스를 해줄 것 같아요. 미셸의 그런 행동은 제가 그녀에게 꽃을 사다 준다든지 아니면 다른 선물 같은 것을 하고 싶게 만드는 그런 일이죠.
상담자	그러면, 이 날 무슨 이유에서건 스테파니에게 좀 더 다정한 포옹과 키스를 해 주기로 결정을 했고, 스테파니가 그것에 대해 좀 더 특별한 키스로 화답을 한다면 어떠실 것 같아요?
미셸	네, 너무 좋을 것 같아요. 전 그런 친밀함을 좋아해요. 성적인 것 말고요, 그냥 그렇게 가깝게 느껴지는 거요.
상담자	그런 일이 정말 일어난다면 스테파니가 그것을 알아 챘다는 것을 당신께 어떻게 알려 줄까요?
미셸	웃겠죠. 스테파니는 행복할 때 항상 미소를 짓고 킥킥대며 웃거든요.
상담자	그러면 당신에게도 '킥킥대며' 웃을까요?

미셸	네, 많이 킥킥대며 웃을 거예요.
상담자	그렇게 '킥킥대며' 웃는 것이 당신에게는 어떤 의미인가요?
미셸	스테파니가 행복하고, 기분이 좋다는 것이죠. 눈에 비치는 모습이 다를 것 같아요.
상담자	스테파니의 눈에 비치는 모습이 어떻게 다를까요?
미셸	슬프지 않을 것 같아요.
상담자	슬픈 대신 어떨 것 같아요?
미셸	행복이요. 스테파니는 행복할 때 눈이 달라 보여요.
상담자	그것은 당신이 눈치 챌 수 있는 것인가요?
미셸	물론이죠.
상담자	당신이 그것을 알아봤다는 것을 어떻게 알려주시겠어요?
미셸	좀 더 꼭 끌어안을 것 같아요.
상담자	이런 일들은 요즘 벌어지고 있는 일들과 어떻게 다른가요?
미셸	많이 다르죠. 제가 행복하지 않고 우리가 행복하지 않을 때 우리에겐 아무 것도 없어요. 지금 말한 것 중 어느 것도요. 우리 둘 사이가 아주 싸늘하죠. 우리는 거의 서로에게 "일어나."라고 명령하는 것처럼 으르렁 거리죠.
상담자	좋아요. 그러면 이것이 다른 것이군요. 스테파니, 당신이 출근하기 시작할 때 이러한 차이가 당신에게 계속되고 있다는 것을 어떻게 알 수 있을까요?

스테파니   미셸이 제게 전화를 해 좋은 하루를 보내라고 말을 하거나 나중에 뭔가를 같이 할 수도 있겠죠. 저녁에 함께 시간을 보내자는 초대 같은 거요.

상담자   당신이 이 전화를 기쁘게 받았다는 것을 미셸에게 어떻게 알리시겠어요?

스테파니   그냥 말할 것 같아요. 다르게 뭘 할 수 있을까요?

상담자   미셸, 그녀에게 그런 말을 듣는 것이 좋은 일인가요?

미셸   오, 그럼요. 우리 모두 퇴근을 하고 집에 오면 함께 저녁 식사를 준비하자고 말하겠어요. 제가 주로 음식을 했지만 요즘 더 이상 요리를 많이 하지 않아요.

상담자   그러면 미셸, 당신이 직장에서 일을 시작하면서 이런 좋은 일들이 계속되는 것을 어떻게 알 수 있을까요?

미셸   스테파니에 대해서 행복한 생각을 많이 하게 될 것 같아요. 이 모든 문제가 시작되기 전에 제가 그랬던 것처럼요. 그날 그녀에게 좋은 말로 문자를 보낼 겁니다. 그리고 스테파니가 말한 것처럼 출근길에 전화를 해 대화도 하겠죠.

상담자   행복한 생각이라고 말씀하셨는데요. 어떤 행복한 생각이 머리를 스쳐 지나갈까요?

미셸   그녀를 사랑하고 그녀를 그리워하는 것이요. 다시 좋은 느낌을 갖는 것이 얼마나 좋은 것인지에 대해서요.

상담자	스테파니와 이러한 행복한 생각을 어떻게 나누실 건가요?
미셸	전 행복할 때 아주 친밀한 사람이어서 제가 하는 모든 말과 행동에 그게 나타날 거예요. 저의 행복은 제가 하는 모든 것에 영향을 미치죠. 제 일, 아이, 제 모든 것이요.
상담자	당신이 행복해졌다는 것을 누가 가장 먼저 알아볼까요?
미셸	집에 있는 모두요.
상담자	그들이 갑자기 당신이 행복해졌다는 것을 알 수 있는 단서는 무엇인가요?
미셸	제가 모두에게 소리 지르지 않고… 강아지요, 제가 자기를 미워하지 않는다는 것을 알 것 같아요.
상담자	대신 당신은 어떤가요?
미셸	미소 짓고, 웃고, 그리고 사랑하고.
상담자	그런 모습이 좀 더 진짜 당신의 모습인가요?
미셸	네.
상담자	[스테파니에게] 당신 반의 아이들은 당신이 좀 다른 하루를 보내고 있다는 것을 어떻게 알 수 있을까요? 전 아이들이 지각력이 아주 높다는 것을 잘 알죠.
스테파니	그건 정말 사실이에요. 제가 행복할 땐 아이들에게 훨씬 더 인내심을 갖고 대하죠. 아이들은 그럴 때 항상 어떻게 된 거냐고 묻죠.

상담자	그러면, 아이들에게 어떤 방식으로든 표현이 되겠네요?
스테파니	네, 아이들에게 좀 더 미소를 짓고, 장난도 더 치고, 애들이 난리를 칠 때 좀 더 인내심을 보일 것 같아요. 훨씬 좋겠죠.
상담자	그러면 그것이 좀 더 진짜 당신의 모습에 가까운가요?
스테파니	네, 그럴 겁니다.
상담자	그러면 퇴근을 하고 집에 돌아와 이 기적이 계속되고 있다는 것을 알 수 있는 첫 단서는 무엇일까요?
스테파니	미셸의 얼굴 표정, 친밀함, 몸짓으로요. 그게 제가 알 수 있는 방식이죠.
상담자	흥미롭군요. 얼굴 표정이 어떨 것 같아요?
스테파니	음, 미소요.
상담자	그러면 그냥 미소를 지으면 그것이 단서가 될까요?
스테파니	예, 그리고 저를 포옹해 줄 거예요.
상담자	이 포옹의 어떤 점이 당신에게 상황이 나아지고 있다는 것을 알려 줄까요?
스테파니	미셸은 양손으로 저를 감싸 안거나, 등을 토닥이거나, 꼭 끌어안을 거예요.
상담자	[미셸에게] 그게 미셸이 스테파니에게 해 줄 수 있는 최선의 포옹인가요?

스테파니	네.
미셸	네.
상담자	이 날 당신을 미소 짓게 하고 또 그런 방식으로 포옹해 주고 싶은 스테파니에 대해 당신은 어떤 점을 알아볼까요?
미셸	그녀의 미소와 표현이요. 스테파니는 미소를 짓고, 그녀만의 작게 씩 웃어 주는 모습이 돌아올 거예요.
상담자	'작게 씩 웃어 주는 모습'이 돌아온다면 그것을 알아보실까요?
미셸	오, 그럼요.
상담자	그리고 포옹해 준다는 말씀도 하셨는데요. 그날 당신이 받을 포옹에 대해서 말씀해 주세요.
미셸	그녀는 양팔로 저를 감싸고 거의 들어 올릴 것처럼 꼭 껴안을 거예요.
상담자	이 날 외식을 할 수도 있다고 하셨는데요, 어디로 가실 건가요?
미셸	제가 해산물을 좋아해서 아마도 씨푸드 레스토랑에 갈 것 같아요.
스테파니	그렇다면 거기가 우리가 갈 곳이죠. 우리가 서로 가장 좋을 때 미셸은 자신의 방식으로 결정을 하고 저는 거기에 맞춥니다.

미셸	그건 맞아요.
상담자	이 저녁의 어떤 점이 두 사람 모두에게 둘이 아직 잘 하고 있다는 것을 알려 줄까요?
미셸	서로 바라보는 것이 아니라 옆에 나란히 앉을 거예요. 대화도 다르겠죠. 우린 다시 대화를 할 거예요.
상담자	무엇에 대한 대화를 나누실 건가요?
미셸	뭐든 상관없어요. 모든 것에 대해서요. 어떤 것이라도 얘기하려고요.
스테파니	미래에 대한 계획 같은 거요? 우리 아들에 대한 얘기도 있겠죠. 농구팀에 애를 넣을지와 같은 거요. 아니면 우리의 장래 사업에 대한 이야기 같은 거죠.
상담자	이런 것은 지금하고 다른 것인가요?
미셸	네, 그럼요. 지금 우리의 대화에서 미래에 대한 이야기는 없어요. 아주 무미건조해요.
상담자	또, 전에 말씀하셨었는데 당신이 스테파니를 처음 만났을 때 그녀의 걸음걸이에 끌렸었다고 했잖아요. 그런 것도 대화의 주제가 될까요?
미셸	네, 저는 스테파니에게 다시 한번 당신에게 끌렸다고 말할 거예요. 저는 이런 표정을 할 거고 그녀는 분명 그것을 알아볼 겁니다.

스테파니	네, 저도 분명히 그걸 볼 수 있을 거예요.
미셸	사랑을 나누는 것도 아주 큰 신호가 될 거예요. 최근에 우린 사랑을 나누지 않았거든요.
상담자	제가 너무 두 분의 사생활에 대해 깊이 묻는 것이라면 사과드릴게요. 저의 질문에 답하지 않으셔도 돼요. 그렇지만 이 날이 두 분의 사랑을 확인하는 날이라는 것을 어떻게 알 수 있을까요?
미셸	제가 섹시한 잠옷을 입고 침실에 들어갈 거예요.
스테파니	네, 저도 그걸 알아보겠죠.
상담자	그런 일들이 두 분이 하루를 정리하는 방식일까요?
미셸	가까이서 서로를 안고 하루를 마감하는 것은 너무 좋은 일이죠.

이 회기를 촬영한 영상을 보면서 나는 말로는 표현할 수 없는 감동을 받았습니다. 두 사람은 원하는 미래의 모습에 대해 자세히 말하며 미소 짓기 시작했고 서로를 마주 보았죠. 그들은 자주 웃었고, 서로를 어루만졌습니다. 대화 전체를 통해 희망은 점점 더 커져갔고 상담실에 있는 우리 모두가 그것을 느낄 수 있었습니다. 이 회기의 후반으로 갈수록 그것은 더 분명해졌습니다.

단순함

앞서 해결중심상담이 내게 가장 와 닿았던 측면 중 하나가 바로 단순함이었다고 말한바 있습니다. 나는 해결중심상담이 어느 누구든 그 기술을 습득할 수 있을 정도로 충분히 단순하다는 것을 알고 있습니다. 그런데 이 접근이 너무 단순해서 오히려 복잡하다는 생각이 들기도 합니다. 이 접근에서는 상담자가 문제의 원인을 탐색하지 않기 때문이죠. '미래'에 초점을 맞춘 상담을 위해서는 '문제 언어'로 상담자를 이끄는 내담자의 유혹을 뿌리칠 수 있는 정도의 훈련이 필요합니다. 이것이 단순함 속에 숨어 있는 복잡함의 근원입니다. 그러나 대부분의 임상가들은 문제의 원인을 탐색하도록 훈련을 받습니다.

우리는 어릴 때부터 대화라는 것이 공평하게 서로 주고받음으로써 구축된다는 것을 배웠습니다. 한 사람만의 일방적인 발언은 대화가 될 수 없습니다. 엄마와 아이가, 유치원에서 친구들과, 이웃집 아주머니와 아들이, 직장 내 동료와 주고받는 모든 말이 대화가 됩니다. 그리고 커플과의 해결 구축에도 대화가 필요합니다. 물론 커플의 한 사람이 뭔가 흥미로운 이야기를 지속적으로 이어갈 때, 그것을 끊어내는 일은 훈련을 요하는 일입니다. 또한 커플이 대화에 공평하게 참여할 수 있도록 하기 위해서는 디테일에 대한 초점과 집중이 필요합니다. 다음에 나오는 미셸과 스테파니의 짧은 대화를 다시 한번 살펴보겠습니다.

스테파니 미셸의 얼굴 표정, 친밀함, 몸짓으로요. 그게 제가 알 수 있는 방식이죠.

상담자 흥미롭네요. 얼굴 표정이 어떨 것 같아요?

스테파니 음, 미소요.

상담자 그러면 그냥 미소를 지으면 그것이 단서가 될까요?

위의 대화에서는 상담자가 내담자의 말 속에 담겨있는 보다 디테일한 정보를 활용해 반응한다는 것을 살펴볼 수 있습니다. 이러한 방법은 내담자가 승인하는 방향으로 대화를 이끌어줍니다. 또한 "그것이 당신을 기쁘게 할까요?" 또는 "그것이 다른 점인가요?"와 같은 질문이 자주 등장합니다. 이것은 내담자에게 던지는 질문에 의미를 부여하는 방법이자 원하는 미래에 대한 기술과 커플 사이에 현재 진행되고 있는 일과의 차이를 확장시킬 수 있는 방법이기도 합니다. 만일 내담자가 그러한 질문에 긍정적으로 반응한다면 우리는 계속해서 원하는 미래에 대한 모습을 구축해 나갈 수 있습니다.

만일 내담자에게서 알아낸 특정한 정보가 내담자를 기쁘게 하지 못하거나 지금과 다른 것이 아니라면 이것은 대화가 내담자에게 차이를 만들 수 있는 방향으로 진행되고 있지 않음을 알리는 단서가 됩니다. 따라서 새로운 방향으로의 전환이 필요합니다.

원하는 미래를 향한 상담자의 역할

이 단계에서의 상담자의 역할은 호기심을 갖는 것입니다. 원하는 미래에 대한 자세한 정보를 얻기 위해 상담자는 호기심이 많아야 합니다. 커플의 아주 작은 부분까지 놓치지 않도록 돕는 것입니다. 이것은 아주 중요한 역할입니다. 지금까지는 문제가 없는 미래를 생각하고 묘사할 수 있도록 의도된 대화를 했지만 이후의 모든 작업은 이 대화에 기초합니다. 이제부터 상담자는 가능한 한 많이 자세한 정보를 얻어내야 합니다. 많을수록 좋습니다.

원하는 미래에 대한 상세한 정보를 모으는 작업은 그 자체가 치료입니다. 내담자에게 중요한 지속적인 변화를 만들기 위해 반드시 어떤 사건이나 경험이 더 필요한 것은 아닙니다. 이제까지의 교훈으로도 충분합니다. 다만 미래를 더 철저하게 꿈꾸고 기술할 수 있을 때 그것이 실제로 일어날 가능성은 더 커집니다.

대부분 커플은 문제 해결을 위해 상담을 시작합니다. '덜 싸우고 싶다'는 커플을 상상해봅시다. 상담자가 '싸움'에만 상담의 방점을 둔다면 이를 통해서는 많은 것을 이룰 수 없습니다. 대신에 '덜 싸우기'라는 목표가 '신뢰', '친밀'과 같은 완전히 다른 언어로 대체될 수 있도록 돕는다면 전혀 다른 대화가 시작될 것입니다. 이제부터는 즉시 경험할 수 있는 미래를 그려나갈 수 있는 대화가 시작되는 것입니다.

잘 표현된, 꿈꾸는 미래

반드시 원하는 미래에 대한 것이어야 한다

한 번 더 강조합니다. 커플의 원하는 미래에 대한 설명은 정말로 미래에 관한 것이어야 합니다. 상담자가 과거를 되짚는 질문을 한다고 해도 그 지향은 미래에 있어야 합니다.

"지난여름, 제 배우자가 준 상처를 극복하고 싶어요."와 같은 과거에 대한 단호한 결단을 그리는 내담자가 있을 수 있습니다. 보통 다른 상담접근에서는 이런 사례에 대해 치료적인 개입을 하지만 해결중심상담에서의 목표는 '원하는 미래의 모습'입니다. 이건 커플이 그들의 미래에 대해 이야기하고 초대하는 단순한 방법일 수 있습니다. '상상을 해 봅시다(suppose)'는 말로 시작하고 미래시제(will)를 포함한 질문을 함으로써 '문제없는 미래'를 상상하며 대화를 나눌 수 있게 됩니다.

"당신이 지난여름의 상처를 극복했다고 상상해 보세요. 그것을 어떻게 알 수 있을까요?" 초점은 과거에 대한 것이 아닌 미래의 변화에 주목하는 것입니다.

미셸과 스테파니가 함께 문제가 없는 미래에 대한 이야기를 나누며 상담을 시작했을 때 그들의 태도는 눈에 띠게 변했습니다. 그들은 훨씬 부드러운 톤으로 말을 했고, 더 가까이 앉았으며, 상대를 행복하게 만드는 일에 대해 말하는 것을 즐기기 시작했습니다. 그것은 마치 두 사람이 행복한 미래의 세계에 이미 살기 시작한 것과도 같은 모습이었습니다.

문제 대신 해결에 초점을 둔다고 해서 그것이 반드시 문제를 무시하는 것은 아닙니다. 그와는 반대로 모든 문제를 인정하는 것입니다. 그렇지 않다면 이것은 내담자를 무시하는 것입니다. 그럼에도 해결중심 대화는 문제 자체보다 해결을 돕도록 신중하고 정교하게 다듬어져야만 합니다. 문제가 있다면 그것을 인정하고 받아들여야 합니다. 그러나 다음 질문은 반드시 그러한 문제가 없는, 미래는 어떤 모습일지에 대한 것이어야 합니다.

반드시 수학적으로 긍정적인 것이어야 한다

여러분에게 작은 비밀 하나를 알려드리겠습니다. 나는 수학을 굉장히 못합니다. 그냥 더하기와 빼기 정도를 구분하는 정도입니다. 더하기는 긍정적이며 뭔가 있는 것을 뜻하며, 빼기는 부정적이며 뭔가 없는 것을 의미합니다.

보통 커플은 문제가 없어지는 것을 희망하며 상담을 시작하지만 해결중심상담자들은 커플이 좀 더 긍정적인 방향, 즉 해결이 존재하는 미래를 향할 수 있도록 돕습니다. 사람들이 해결중심상담을 긍정적 접근이라고 지칭하는데 이는 주로 내담자의 희망적이고, 긍정적인 측면을 보기 때문입니다. 수학적으로도 문제를 없애는 것이 아닌 해결을 구축하는 것이기 때문에 긍정적이라 표현할 수 있습니다.

김인수는 해결중심상담에서 가장 중요한 단어 중 하나를 '대신(instead)'이라고 했습니다. '대신'이라는 단어를 사용함으로써 상담자는 내담자의 말을 부정에서 긍정으로 전환시킬 수 있습니다. 만일 기적질문에 대해 커플이 "우리는 싸우지 않을 것입니다."라고 답했다면 "대신 무엇을 할까요?"라고 물을 수 있습니다.

반드시 구체적이고 관찰 가능한 것이어야 한다

많은 내담자들은 내가 어려운 질문을 한다고 말합니다. 사실입니다. 나는 사람들에게 설명하기 어려운 것을 관찰하고 구체적인 표현으로 설명해달라고 부탁합니다. 예를 들면, 사랑, 행복, 데이트할 때의 흥분감 같은 기본적이며 일반적인 단어들을 내담자의 개인적인 언어로 표현해 달라고 합니다.

"내일 아침 일어나서 당신과 배우자가 서로 사랑의 감정을 가지고 있음을 상상해 보세요. 그것은 어떤 모습으로 나타날까요?"

이런 질문은 다른 상담 접근에서는 묻지 않는 것이어서 많은 실천가들에게 생소할 수 있으나 해결중심상담의 회기에서는 크게 도움이 됩니다. 보통 상담을 시작할 때 커플들은 문제에만 몰두되어 미래에 어떤 일이 생길지에 대한 탐색은 하지 못합니다. 그래서 이런 질문에 대답하는 배우자의 행동과 긍정적인 방식을 거의 처음 경험하게 됩니다.

반드시 노력이 필요하다

저는 사람들이 성공보다는 문제에 훨씬 더 많이 집중하는 모습에 놀랍니다. 사랑에 어떻게 빠졌는지 질문하면 "그냥 서로 반했어요." 또는 "우리는 서로 정말 잘 맞아요."와 같이 막연하게 대답합니다.

그럼에도 커플의 문제에 대한 반응은 매우 설득력이 있으며, 마치 최근의 싸움을 재현해서 보여 주는 듯 생생하게 설명합니다. 만일 문제의 증상보다 성공에 관해 더 깊은 관심을 보인다면 이 세상은 더 행복한 곳이 될 것입니다.

해결중심 커플상담자의 역할은 그들이 처음 사랑에 빠졌을 때 그리고 그때 그들의 관계에 각자 어떠한 기여를 했는지에 대해 커플이 다시 기억할 수 있도록 하는 것입니다. 그러한 과정이 되살아나 숨어 있던 기술이 수면 위로 올라올 때 성공은 당연하고, 그 커플이 사는 세상은 좀 더 행복한 곳이 될 것입니다.

각 파트너에 의해 공평하게 만들어져야 한다

앞서 해결중심 테니스가 어떤 것인지에 대해 설명한 바 있습니다. 같은 질문을 커플의 각 상대에게 차례로 묻는 이 과정은 두 사람이 상담에 공평하게 기여할 수 있도록 합니다. 각 상대에게 같은 시간을 제공해야 한다는 규칙을 말하는 것이 아닙니다. 누군가는 하나의 질문에 10분간 말할 수도 있지만, 다른 쪽은 몇 마디로 끝낼 수도 있습니다. 중요한 것은 상대가 각자의 순서를 지키며 두 사람 모두 받아들일 수 있는 대화를 이어나가는 것입니다.

상세함! 자세할수록 좋다

런던의 BRIEF 클리닉에서 크리스 이브슨이 많은 문제로 힘들어하는 젊은 여성과 상담하는 장면을 관찰한 적이 있습니다. 그는 내담자가 원하는 미래의 모습을 함께 발전시키며 기적질문을 했습니다. 내담자는 슬퍼하는 대신 행복한 기분으로 잠에서 깰 것 같다고 했습니다. 아주 흔한 전형적인 답변이었습니다. 그러나 이브슨은 더 자세한 정보를 얻어내고자 했습니다.

"그게 몇 시쯤일까요?" 그러자 내담자는 당황했습니다. 그리고 "한 여덟시쯤이요."라고 대답했습니다. 그리고 이브슨은 "그러면 뭘 하세요?"라고 다시 질문했습니다. 내담자는 "욕실로 가겠죠."라고 했습니다. 상담자는 "기적이 일어난 날 아침에 일어날 때 어느 쪽 발을 먼저 짚으실까요?"라고 물었습니다.

이브슨은 왜 그 시간에 대해 궁금했을까요? 방바닥을 먼저 짚을 발에 대해 물으며 그는 무엇을 알아내고자 했을까요? 아마도 특별한 생각이 있었던 건 아니었을 겁니다. 다만 그는 좀 더 상세한 정보를 알아내고자 한 것인데, 자세한 정보를 더 많이 얻어 낼수록 내담자가 원하는 미래의 모습을 머릿속으로 더 자세히 그릴 수 있기 때문입니다. 이렇게 알아낸 정보가 모두 도움이 되는 것은 아니겠지만 어떤 정보가 도움이 되고 또 어떤 것은 그렇지 않을지에 대해 미리 알 수 있는 방법이 한 가지 있기는 합니다.

레이첼과 레이

얼마 전 아직 결혼을 하지 않았지만 자신들의 관계를 더 발전시키고 싶어 하는 커플을 만났습니다. 이들은 4년 동안 동거를 하며 사랑을 키웠습니다. 레이는 성공적으로 철물점을 운영하고 있는 사업가였고 레이첼은 간호사 준비를 하고 있었습니다. 우리의 첫 만남에서 내가 한 초기의 질문들에 대한 답을 통해 이들이 서로 깊이 사랑하고 있음을 알 수 있었습니다. 그런데 나는 레이첼이 최근 레이와 함께 지내던 집에서 나왔다는 얘기를 듣고 많이 놀랐습니다.

레이의 어머니가 레이첼에게 한 행동이 문제였습니다. 레이첼은 아주 친밀한 분위기의 가정에서 자라서 레이의 어머니가 자신을 왜 그렇게 부당하게 대하는지 이해할 수 없었습니다. 레이와의 관계를 어머니께 인정받고 싶었지만 그 모든 노력은 모욕과 조롱으로 돌아왔습니다. 최근에 벌어진 어머니와의 언쟁은 레이첼에게 더 이상 희망이 없음을 증명할 뿐이었습니다. 레이가 자신을 위해 어머니에게 맞설 가능성도 낮다고 느꼈습니다.

레이를 사랑하지만 그와 행복한 가정을 꾸릴 수 없다는 걸 깨닫고 떠나기로 결정했습니다. 레이는 레이첼의 결정에 망연자실했습니다. 그럼에도 더 이상 두 여인 사이에서 고민할 필요가 없다는 점에서 안도감이 들기도 했습니다.

나는 '가장 바라는 희망' 질문으로 회기를 시작했고 레이와 레이첼은 그 질문에 답하는 것을 어려워했습니다. 두 사람은 어머니 문제가 그들의 미래에 대한 계획을 방해하고 있음에 동의했습니다. 레이첼은 "우리가 어떻게 아이를 낳고 행복한 삶을 살 수 있겠어요?"라고 탄식했습니다. 그녀는 자녀들이 레이의 어머니와 시간을 보내는 것이 편하지 않을 거라고 생각했습니다. 레이첼과 레이 두 사람 모두 그들의 문제가 해결된 상황에 대해 생각해 보는 것을 힘들어 했는데 레이 어머니의 행동이 변할 것을 상상할 수 없었기 때문입니다.

나는 계속해서 '가장 바라는 희망'에 대한 답을 얻고자 그들의 관계가 미래에 어떤 모습일지에 대해 물었습니다. 그리고 드디어 그들은 만일 어머니의 행동이 그들이 원하는 방식으로 변한다면 그들의 관계에서 어떤 일들이 일어날 수 있을지에 대해 생각해 볼 수 있었습니다. 이 과정에서 알아낸 것은 그 커플이 진정으로 원하는 것은 결혼을 하고 함께 가족을 만들어가는 것이었습니다.

　이러한 깨달음은 대화의 방향을 변화시켰습니다. 그들은 이제 두 사람 사이의 상호작용과 그들의 관계가 어떻게 달라지길 원하는지에 대해서만 탐색하기 시작했습니다. 레이의 어머니라는 문제가 관계에서 없어지는 것은 더 이상 논의의 대상이 아니었습니다. 회기가 진행되면서 우리는 그 커플이 원하는 미래에 대한 자세한 정보를 얻을 수 있었습니다.

　나는 레이와 레이첼에게 만일 그들이 원하는 미래가 실현된다면 그들이 알아챌 수 있는 35개의 항목을 정리해 보도록 요청했고, 미래에 초점을 둔 질문으로 그들을 자극했습니다. 목록에 처음 등장한 일들은 모호하고 일반적인 경향을 보였습니다. 그들은 더 가까워지고, 더 행복하고, 둘 사이의 사랑이 더 깊어질 것이라고 했습니다. 그러나 그들이 목록에 더 많은 항목을 추가하면서 정보는 더 풍성하고, 깊고, 명확해졌습니다. 28번째 항목에서 레이는 "우리 두 사람은 어머니가 어떤 말이나 행동을 해도 우리의 사랑이 어머니의 반대보다 더 강하다는 것을 기억할 것이다."라고 작성했습니다.

　레이첼은 그 말을 듣자 레이의 손을 잡고 울기 시작했습니다. "그게 바로 당신이 내게 보여 주길 바라며 지금까지 내가 애써왔던 것이에요." 그들이 서로에 대한 사랑에 대해 말하기 시작하자 마치 나는 상담실에 존재하지 않는 듯했습니다. 그들은 35개의 항목에 대한 목록을 완성했고 다음 주에 다시 상담 약속을 잡았습니다. 그들이 '새로운' 관계 속으로 걸어나가는 발걸음에는 평온함이 있었습니다.

레이와 레이첼은 그들의 미래에 대한 이야기를 나누며 모든 것을 변화시킨 하나의 항목이 나오기까지 27개의 항목이 필요했습니다. 그 회기에서 우리의 목록이 20개나 25개에서 멈췄다면 그렇게 성공적이지는 못했을 것입니다. 나는 내담자들과 종종 이런 목록을 만드는데, 대개 의미 있는 내용에 다다르기까지 꽤 많은 항목이 필요합니다.

"잘 모르겠어요"라고 말하는 커플

브라이언과 레아는 재평가될 필요가 있는, 강력하고 성공적인 과거를 가진 대단한 커플입니다. 이들은 고등학교 2학년 때부터 교제를 시작했고, 그것은 전형적인 10대의 사랑이었습니다. 첫 데이트는 워터파크를 같이 간 것이었고, 그들은 밤늦게까지 전화 통화를 하며 극장에도 자주 갔습니다. 그런데 그들이 사귀기로 결정한지 채 한 달이 되지 않아 레아는 자신이 임신한 사실을 알았습니다. 고등학생에게 이는 청천벽력이었고 가족에게 조언을 구했습니다.

분노한 레아의 부모는 그녀를 집에서 쫓아냈습니다. 브라이언의 부모는 레아를 받아들였고, 그 커플은 함께 지내기로 결정하고 둘의 관계를 이어갔습니다. 아이가 태어난 후 브라이언과 레아는 등교하는 날에는 고모에게 육아에 대한 도움을 요청했고, 학교에 가지 않는 시간에는 자신들이 아이를 돌볼 수 있도록 반드시 둘 중 한 명이 집에 있을 수 있도록 시간을 조율하며 일을 했습니다.

커플은 이제 부모가 된 자신들에겐 위험해 보이는 행동을 하는 오랜 친구들과 어울리는 것도 그만두기로 했습니다. 비록 어려운 시간도 있었지만 그런 시간을 함께 하며 브라이언과 레아는 많은 것을 성취했고, 그들은 학교를 졸업할 수 있었습니다.

그 후 몇 년간 그 커플의 성장은 계속되었습니다. 둘 다 정규직을 구할 수도 있었습니다. 그리고 둘째가 태어났습니다. 그들은 결혼도 했고 집도 장만했습니다. 모든 것은 제대로 진행되고 있었습니다.

그런데 명백한 이유 없이 브라이언이 어둡게 변했습니다. 레아는 브라이언의 불행을 눈치챘습니다. 그런데 자신에게 남편이 힘내도록 응원하거나 웃게 할 수 있는 능력도 함께 사라진 것도 깨달았습니다.

몇 달 동안 레아는 뭐가 잘못된 것인지 이해하려고 노력했고, 자신이 뭘 할 수 있을지, 어떻게 도울 수 있을지 상담을 받아보자고 제안했지만 브라이언은 이를 거부했습니다. 그는 그것이 스스로 극복해야만 하는 일이라고 생각했습니다. 몇 주는 몇 달이 되었고, 그의 불행은 계속되었습니다. 결국 브라이언도 도움을 요청하는 것에 동의했습니다.

브라이언과 레아와의 첫 회기에서 나는 그들의 관계가 이전의 행복한 상태로 돌아왔음을 어떻게 알 수 있을지 물었습니다. 이 커플은 이 질문뿐만 아니라 원하는 미래에 대한 모습을 알아보고자 하는 나의 다른 질문들에 당황스러워했습니다. 그들은 답하고자 노력했지만 그럴 수가 없었습니다. 그들은 계속해서 "잘 모르겠는데요."라는 답변만 반복했습니다. 그것이 그들이 할 수 있는 최선의 답변이었습니다.

그런데 어떤 시점에 이르자 브라이언이 "행복이 어떤 모습일지 이제 기억할 수 있을 것 같아요."라고 말했습니다. 사실 이 커플은 너무 빨리 어른이 되어버렸고 너무 빨리 부모로 살아야 했기 때문에 어떻게 하면 즐거운지 그 방법을 잊은 것입니다. 이러한 깨달음은 두 사람의 어떤 면이 열리도록 했고, 그들이 원하는 미래의 모습에 대한 상세한 정보가 흘러나오도록 했습니다.

두 사람과 다음 상담을 진행할 때 그들은 결혼 생활 처음으로 자신들을 위한 일을 했다고 말했습니다. 돌이켜보면 이 커플은 아이들만을 위한 삶을 살기로 결심했고 그렇게 살았습니다. 노는 법과 쉬는 법을 잊어버린 겁니다.

첫 회기 이후 브라이언과 레아는 아이를 돌봐줄 사람을 구하고 당구장과 극장으로 두 번의 외출을 했습니다. 그 동안 놓치고 살았던 데이트의 기쁨을 다시 발견할 수 있었습니다. 더 많이 사랑했고 그래서 더 행복했고 아이들과도 더 잘 놀아줬습니다. 내가 그들에게 얼마나 많은 질문을 하고 또 얼마나 많은 "잘 모르겠는데요."라는 대답을 들었던 걸 생각하면 이런 변화는 엄청난 것입니다.

크리스 이브슨(개인 대화, 2009년 7월 1일)에 따르면 내담자가 "잘 모르겠는데요."라고 답할 때 그것은 질문이 적절하지 않았거나 내담자가 이전에는 생각해 보지 못한 질문 중 하나일 가능성이 높다고 했습니다. 브라이언과 레아에게 내가 상담 초기에 했던 질문들은 두 가지 경우에 다 해당한다고 볼 수 있습니다. 브라이언과 레아는 행복을 잊고 있었을 뿐입니다. 나는 그들의 기억이 되돌아올 때까지 계속 질문을 해야 했던 것입니다.

∙ ∙ ∙

　문제대화에 끌려 들어가지 않은 채 커플의 이상적인 미래를 이끌어 내는 것은 해결중심상담에서 가장 어려운 일 중 하나입니다. 이러한 단계는 상담자가 호기심을 가지고 커플이 진정으로 원하는 것이 무엇인지, 비록 그것이 깊숙이 숨겨져 있다 할지라도, 철저하게 탐색하는 단계를 필요로 합니다. 내담자가 원하는 미래에 대한 충분히 상세한 모습을 발전시킨 후에야 상담자는 다음 단계로 넘어갈 수 있습니다.

계속 할 수 없다는 생각이 들 때,
나는 억지로라도 스스로 계속하도록 노력한다.
나의 성공은 행운이 아닌 인내에 기초한다.

- 노먼 레어

5단계

원하는 미래의
기준 정하기

척도는 해결구축 과정의 중요한 부분입니다. 내담자를 돕고 그들이 원하는 미래로 나아가는 발전을 가늠할 수 있기 때문에 반드시 필요합니다. 척도는 내담자가 자신의 진전을 평가하는 전문가 역할을 수행할 수 있도록 돕습니다. 다음은 척도질문의 중요한 예입니다.

'0에서 10 사이에서 10은 당신이 원하는 미래가 새로운 현실이 된 것을 의미하고, 0은 현실 가능성이 아주 없다는 것을 뜻합니다. 그럼 오늘은 척도의 어디쯤에 와 있다고 생각하시나요?

누구도 완벽할 수 없으며 항상 10에만 있을 순 없습니다. 그렇다면 당신은 상담이 필요 없다고 생각하는 순간을 이 척도 위 어디쯤으로 보고 있나요?'

다음의 대화는 미셸과 스테파니가 척도질문에 어떻게 반응하고 있는지 보여 줍니다.

상담자   한 가지 질문이 더 있습니다. 0에서 10 사이의 척도에서 10은 당신이 방금 설명한, 꿈꾸는 미래가 일상이 되는 날을 의미하고, 0은 그 반대를 뜻합니다. 그렇다면 오늘은 척도 어디쯤에 있는지 말씀해주세요.

미셸   [웃음] 스테파니가 먼저 말하도록 할게요.

상담자   좋습니다. 두 분의 답이 다르다면요.

스테파니   어떤 날인가에 따라 다르겠지만, 우리는 1점에 있다고 생각해요. 지난주는 0점이었고요.

상담자   좋습니다. 미셸, 당신은 몇 점이라고 생각하시나요?

미셸   0점인 것 같습니다.

상담자   좋습니다. 감사합니다.

두 사람이 가장 좋았던 그들의 관계를 생각하며 즐거워했었기 때문에 이렇게 낮은 점수는 예상 밖이었습니다. 그런데 지나고 보니 그들은 행복했던 시간으로 돌아가고 싶은 욕구와 의지를 보여 준 것이었습니다. 곧 설명하겠지만 이런 모습이 이 커플의 대단한 점이라고 생각합니다.

해결중심상담자가 충분히 익혀야 할 모든 기술 중 '척도'는 설명하기 어려운 것 중 하나입니다. 이유는 척도질문의 유연함 때문입니다. 척도질문은 상담 중 어느 때라도 후속질문을 만들거나, 다음 단계로 발전하거나, 문제대화를 해결대화로 전환할 경우에 활용할 수 있습니다. 미셸과 스테파니와의 대화가 그렇듯 나는 척도질문을 주로 원하는 미래에 대한 모습이 충분히 그려진 후에 사용하는데 그렇게 하면 내담자들의 답변이 미래를 향해 나가기 시작하는 일종의 기준을 제공하기 때문입니다.

척도질문은 일반적인 대화처럼 보이지만 이에 기초해 과제를 만들 수 있고 내담자의 언어와 미래에 대한 생각을 응용할 수 있기 때문에 역동적입니다. 이 방법은 내가 초기에 받았던 상담 훈련과는 배치되는 것입니다.

나는 내담자와의 상담을 위해 모든 상담자가 인지행동접근을 사용하는 정신건강센터에서 일한 적이 있습니다. 문제를 중심으로 접근하는 인지행동치료가 해결중심적 세계관을 가지고 있는 나와는 잘 맞지 않았습니다. 센터에서는 매주 집단모임과 직원회의를 통해 개인 내담자에게 부여할 과제를 함께 개발했습니다. 그러나 나의 해결중심 세계관에서는 과제는 나나 동료가 아닌 내담자로부터 나오는 것이어야만 했습니다.

나는 내담자들이 그들의 문제를 넘어 원하는 미래를 향하도록 돕기 위해 척도질문을 사용했는데 이에 대한 반응은 보통 "대답을 하고 싶은데 잘 모르겠습니다." "지난 회기에서 우리가 무슨 얘기를 나눴는지 기억나지 않는데요."같은 뻔한 답변이 아니었습니다. 건설적인 반응이 대다수였습니다.

어느 날 나의 슈퍼바이저는 당시 나의 내담자 가족에게 효과적이었던 상담 과제를 어떻게 개발했는지 물었습니다. 나는 "내담자의 생각이었습니다."라고 대답할 수밖에 없었습니다. 내담자가 자신의 아이디어를 개발하고 목표에 다다를 수 있도록 그들 안에 있는 힘과 자원을 보여 주는 것이 나의 과제였다는 믿음을 슈퍼바이저가 이해했다고는 보지 않습니다.

척도나 해결중심상담의 다른 방법을 적절히 사용하기 위해서 상담자는 내담자의 능력을 신뢰해야 합니다. 때로 이것은 우리가 받은 교육과 훈련에 배치되기도 하지만 나 또한 처음부터 그것을 믿었던 것은 아닙니다. 그것은 오랜 시간 내담자와 협력하고 신뢰하는 것과, 동시에 나보다 더 효과적인 개입을 생각해 내는 내담자들의 능력에 대한 관찰이 필요합니다.

해결중심상담에서 가장 중요한 배움 중 하나인 내담자에 대한 믿음을 가르쳐준 커플 내담자들에게 새삼 감사합니다. 척도는 현재 상황이 어떤지, 어떠해야 하는지, 그리고 더 나은 상황으로 가기 위해 어떤 단계를 밟아야 할지에 대한 책임이 내담자 자신에게 있다는 것을 알려 줍니다.

척도의 구성

잘 정의된 척도에는 4개의 주요 지점이 있습니다. 첫째, 내담자가 가장 원하는 미래(10점), 둘째, 가장 원치 않는 상황(0점), 셋째, 커플이 오늘 어디에 있는지에 대한 지점, 그리고 넷째, 상담이 더 이상 필요 없음을 알게 되었을 때 커플이 어디에 있을지를 표시하는 지점입니다.

10점에 대하여

정신건강센터에서 일할 때 나는 상담에 척도를 활용하는 정신과의사를 만난 적이 있습니다. 그는 자신의 척도가 해결중심상담에서 활용하는 것과 같은 것이라고 말했지만 사실은 전혀 그렇지가 않았습니다. 그는 문제의 심각성을 사정하기 위해 척도를 사용했는데, 예를 들면 "0에서 10 사이 척도에서 고통이 얼마나 심한가요?"와 같은 것이었습니다. 그의 척도에서 10은 고통이 가장 심한 정도였습니다.

해결중심상담자는 원하는 미래를 향한 내담자의 성장을 보여주고, 예외를 부각시키고, 과제를 개발하고, 강점을 찾아내기 위해 척도를 사용합니다. 해결중심상담에서 10은 가장 좋은 상태를 의미합니다.

0에 대하여

만일 내담자가 자신에 대해 0점을 주었다면 그들의 상황에서 원하는 미래로부터 아주 멀리 떨어져 있음을 느낀다고 말한 것입니다. 그러한 상황에서 대화에 문제가 다시 등장하지 않도록 하는 것이 중요합니다. 0을 정의하는 것에 더 많은 시간을 쓸수록 커플은 문제대화로 돌아설 가능성이 더 높아지는데 이는 해결의 구축을 더욱 어렵게 합니다. 0을 단순히 '10의 반대'로 정의하거나 '삶이 10에서 가장 멀리 떨어져 있었던 때'라고만 말해도 됩니다. 0에 대한 더 이상의 자세한 정보는 필요치 않습니다.

오늘 커플은 어디쯤 있는가에 대하여

해결중심척도를 개발한 중요한 이유는 현재 커플이 어디쯤 있는지를 확인하는 것입니다. 미셸과 스테파니의 상담을 보면 커플이 서로 다른 점수를 말할 수 있음을 알 수 있습니다. 커플은 종종 서로 같은 의견이어야 한다고 생각하고 상대방이 더 낮은 숫자를 말했을 때 불편함을 느끼기도 합니다.

상담자는 그러한 것이 문제가 되지 않으며 모든 사람이 항상 같은 정도의 불행을 느끼는 것은 아니고, 서로 다른 경험을 할 수 있다는 것을 알려주어야 합니다. 상담자에게 중요한 부분은 이런 척도를 통해 다른 시작점을 만들어 내는 것입니다.

커플이 어디에 있고 싶은지에 대하여

어떠한 커플도 완벽할 수 없으며 10점을 성취하는 것이 상담의 목적은 아닙니다. 그 대신 상담이 성공적일 때 그들이 어디에 있을 것 같은지 물어본다면 보다 현실적인 목표를 알 수 있습니다.

해결중심상담은 시작부터 목표점을 생각하고, 상담자는 종결의 언어를 사용하여 내담자에게 상담이 필요 없을 때가 언제인지 알려줍니다.

해결중심상담은 크게 단기상담(brief therapy)의 범주에 포함됩니다. 단기상담은 매우 전략적인 경향이 있고, 내담자의 목표를 가능한 짧은 회기 내에 성취하도록 합니다. 에번 조지는 이를 두고 "만일 우리가 한 회기 내에 상담의 목표를 달성할 수 있다면, 두 회기를 진행해서는 안 된다. 만일 목표가 25회기 내에 달성될 수 있다면, 26회기를 진행해서는 안 된다."(개인 대화, 2011년 6월 20일)고 했습니다. 우리는 내담자의 삶에서 장기적 의미의 발전을 빠른 방법으로 이룰 수 있도록 돕습니다.

척도질문의 예

척도질문은 활용도가 매우 높기 때문에 여기서는 회기 내에서 가장 공통적으로 사용할 수 있는 몇 가지에 대해 다루고자 합니다.

과제 개발

척도는 커플 또는 커플 중 어느 한 사람이 원하는 방향으로 커플이 움직일 수 있도록 서로의 단계를 알아내는 데 사용됩니다. 보통 어떤 역할을 수행할 수 있는지 질문함으로써 이를 알 수 있습니다.

상담자	자, 10은 미래의 어느 시점에서 당신의 관계가 가장 좋을 때를 의미하고, 0은 두 분이 그것에서 가장 멀리 떨어져 있던 때를 의미합니다. 오늘 두 분은 어디에 있을까요?
남편	[부인에게] 당신이 먼저 말해요.
부인	좋아요, 제가 보기엔 우린 3이나 4 정도라고 생각합니다.
남편	저도 같은 정도라고 말하고 싶습니다.
상담자	두 분이 다음 주 상담에 오셔서 상황이 3이나 4에서 확실한 4나 4.5라고 말씀하시는 모습을 잠깐 상상해 보죠. 이러한 발전이 반드시 일어나도록 두 분이 각자 어떤 변화를 만들었다고 말씀하실까요?

상담자의 첫 질문에서 미래 가장 좋을 때와 과거 좋지 않았던 때를 강조한 것을 볼 수 있습니다. 상담자의 중요한 가정입니다. 미세한 차이로 보일 수 있지만 '만일 그러한 시간을 상상할 수 있다면' 으로 질문하는 것보다 커플의 관계가 이상적인 때를 미리 상상해 보도록 질문하는 것이 긍정적인 변화를 이루는 데 더 도움이 됩니다.

0을 커플의 현재 시점이 아닌 가장 좋지 않았던 시기라고 정의하는 것도 상담자의 또 다른 가정을 보여 주는데, 커플과 소통할 수 있는 언어적 수단을 제공하기 때문입니다. 즉, 커플이 원하는 미래의 모습에서 가장 멀리 떨어져 있는 것은 현재가 아닌 과거의 어느 시점이었음을 알려주는 겁니다.

앞의 커플은 척도질문에 대해 바로 답을 할 수 있었고 원하는 미래를 위해 척도의 위쪽으로 움직일 수 있는 방법을 탐색하기 시작했습니다. 아내는 남편에게 좀 더 친절하게 대하고, 직장에서 돌아왔을 때 좀 더 많은 사랑을 표현하겠다고 약속했습니다. 남편은 밖에 있을 때에도 부인을 생각하며 문자를 보내겠다고 했습니다. 그리고 남편은 좀 더 놀라운 약속도 했습니다. 자신의 이메일과 휴대전화, 그리고 SNS 계정의 비밀번호를 부인에게 알려 주겠다고 했습니다. 굉장한 변화였습니다. 남편은 페이스북을 통해 옛 연인을 만나고 있었습니다. 지난 몇 주간 이 문제로 심각한 다툼까지 했지만 채 한 시간도 지나지 않아 남편의 마음이 변한 것입니다. 무엇이 그렇게 만든 것일까요? 내가 말할 수 있는 건 해결중심 상담을 하면 강요한다고 해도 듣지 않을 결심을 내담자 스스로 한다는 것입니다. 남편과 부인은 상담에서 한 약속을 지켰고 다음 몇 달간 그들의 관계를 성공적으로 재정립할 수 있었습니다.

강점 발견

강점을 발견하는 것은 오래 지속되는 변화를 만들 수 있는 유용한 정보를 얻는 데 필요한 대화로 전환시킬 수 있는 방법 중 하나입니다. 보통 커플에게 관계 구축에 도움이 되는 특성과 배경에 대해 질문을 하면 구체적으로 답변하기가 쉽지 않습니다.

"잘 모르겠어요, 우린 그냥 서로에게 끌렸어요." 같은 전형적인 대답이 대부분입니다. 척도질문은 커플이 무엇을 잘 했었는지 또는 잘 하고 있는지를 알 수 있도록 도와줍니다.

새라와 마이클은 큰 상처를 겪은 뒤 심각한 신뢰의 문제를 갖게 되었습니다. 상담을 시작하면서 서로 어떤 점을 좋아했었는지 물었을 때 그들은 대답을 할 수 없었습니다. 그러나 척도질문 후 서로에 대한 그들의 기억은 눈에 띄게 좋아졌습니다.

마이클		좀 우습지만, 우리가 상담약속을 잡고 난 후 상황이 조금 나아지긴 했어요.
새라		네, 맞아요.
상담자		얼마나 좋아졌나요? 0에서 10 사이의 척도에서 10은 앞으로의 시간에서 두 분의 관계가 가장 좋은 상태에 있음을 말하고, 0은 과거의 한 시점에서 상담약속을 잡던 때를 의미한다면, 지금 어디에 있나요?
마이클		지금 저희는 한 3이나 4에 있다고 생각해요. 요즘 상황이 좀 힘들었죠.
새라		저는 2나 3쯤에 있습니다.

상담자	제가 만일 두 분이 약속을 잡기로 결정하기 전에 같은 척도에서 두 분의 관계를 여쭤봤다면 몇 점이었을까요?
마이클과 새라	[동시에] 0점이요.
새라	네, 0점이 확실해요. 저희는 너무 힘들게 지내고 있었습니다.

이러한 척도질문의 활용은 커플이 문제를 다시 말하도록 하는 대신 그들이 이미 만들어 낸 진전을 탐색하도록 만듭니다. 그들이 알아낸 발전의 증거를 살펴보는 시간을 가진 후 다른 종류의 척도질문을 했습니다.

상담자	그러면, 제가 궁금한데요. 두 분이 하신 것처럼 척도의 점수가 높아지도록 하기 위해 어떤 방법을 사용하셨나요?
마이클	잘 모르겠어요. 확실한 것은 우리가 대화를 좀 더 하려 했고, 좀 더 사랑을 표현했다는 거 말고는 없어요. 모든 것이 다 좋았던 것은 아니지만 우리는 확실히 더 많이 얘기하고 좀 더 사랑을 표현했어요.
상담자	새라, 당신은 어떠세요? 당신들의 관계가 척도의 위쪽으로 옮겨갈 수 있도록 어떤 방법을 사용하셨나요?
새라	[잠시 멈춤] 제가 좀 더 생각을 깊게 하고 관대하게 대했어

	요. 우리가 상담 약속을 잡았다는 사실만으로도 좀 편해
	질 수 있었는데, 저를 힘들게 하는 일이 생기더라도 기다
	렸다가 여기서 말할 수 있다는 것을 알 수 있었기 때문이
	에요.
상담자	그렇군요. 그러면 그것이 당신을 더 사려 깊고 관대할 수 있도록 한 것이군요.
새라	네.
상담자	또 뭐가 있나요?
마이클	제가 좀 더 인내를 갖고 더 잘 들어주려고 했어요.
상담자	최근 몇 주 동안 당신이 인내하고 더 좋은 경청자가 된 것이 예전과는 어떻게 다른 것인가요?
마이클	아주 다르죠. 최근에 제가 그리 좋은 남편이 아니었다는 것을 인정해요.
상담자	내일 아침 두 분이 좀 전에 얘기했던 그런 긍정적 일들과, 또 말씀은 안하셨지만 다른 좋은 일들이 두 분의 관계에서 더 많이 일어나는 그런 세상에서 깨어났다고 상상해 보세요. 두 분은 서로에게서 어떤 것을 알아보실까요?

회기의 나머지 부분에서 커플은 그들이 원하는 미래를 향해 좀 더 가까이 다가가며 생길 변화는 어떤 모습일지에 대해 탐색했

습니다. 다음 몇 주간 커플은 상담의 목표를 이뤘다고 느꼈고 만일 필요하다면 이러한 변화가 지속될 수 있도록 6주마다 상담을 받기로 했습니다. 몇 번의 방문 후 우리 모두는 더 이상의 상담이 필요 없음을 알 수 있었습니다. 서로에 대한 커플의 신뢰는 더욱 깊어졌습니다. 척도는 이 커플이 성장할 수 있는 방법을 스스로 발견할 수 있는 분명한 기준을 제공했습니다.

예외발견

우리가 이미 배웠듯 예외(de Shazer et al., 2007)는 커플이 문제에도 불구하고 의식적으로 또는 무의식적으로 도움이 되는 일을 하는 것을 말합니다. 예외는 특정한 지식이나 의도 없이도 일어날 수 있기 때문에 사람들은 그것에 대해 완전히 인식하지 못하고 있습니다. 척도질문은 이러한 예외를 분명하게 함으로써 내담자가 그것을 이해하고 다시 할 수 있도록 도움을 줍니다.

- 0에서 10 사이의 척도에서 지난 몇 주 동안 두 분이 10에 가장 가까웠던 때는 언제였나요?
- 아주 잠깐일지라도 그것은 어떤 모습이었나요? 당신은 무엇을 하고 있었죠?

- 문제가 나타나지 않았을 때 상대가 뭘 하고 있었는지 보셨나요?

이러한 질문들은 커플이 그들의 관계에 숨겨져 있는 상황과 알지 못하는 사이에 일어나는 행동을 발견할 수 있도록 돕습니다. 관계를 어렵게 하는 문제가 항상 존재하는 것이 아니라는 것을 알게 되면 커플은 예외를 반복할 수 있는 가능성에 대해 이야기를 시작합니다.

예외를 발견하는 것에 대한 다른 긍정적 측면이 있습니다. 문제가 존재하지 않았던 것처럼 행동했던 최근의 시간에 대한 얘기를 나누며 커플은 종종 서로에 대한 배려가 깊어짐을 느낍니다. 이를 통해 둘 사이의 대화에 방해가 된 문제의 패턴이 달라집니다. 예외에 관한 언어는 칭찬인 경우가 많으며, 한동안 그렇지 못했던 두 사람이 오랜만에 서로에 대한 사랑의 언어를 교환하는 기회가 되기도 합니다.

∙ ∙ ∙

척도질문은 상담자가 커플에게 해결 구축 과정에서 다양하게 활용할 수 있는 역동적이고 유연한 도구입니다. 해결 구축의 과정에서 커플은 말할 것도 없이 가장 큰 자산입니다. 척도질문은 이러한 커플의 강점과 자원에 대한 통찰을 제공하는 유용한 기술입니다.

Solution Building

in Couples Therapy

우리는 실패하거나 흔들리지 않을 것입니다.
약해지거나 피곤해 하지도 않을 것입니다. ……
우리에게 도구를 주시면 과업을 완수하겠습니다.

- 위스턴 처칠

6단계

마무리

−치료적 휴식, 피드백과 제안−

　　나의 은사님은 회기의 가장 중요한 부분이 시작과 마무리라고 가르쳐주셨습니다. 회기의 시작은 해결의 구축과정에 대한 기초를 확립하고, 마무리는 그것을 강화시킵니다. 상담회기의 첫 과업은 미래가 어떤 모습일지를 설정하는 것인데, 이것은 상담에서 커플이 원하는 미래에 대한 분명한 아이디어를 가질 수 있도록 돕는 것입니다. 대화의 마지막 부분에서 다뤄야 할 것은 커플이 올바른 방향으로 나아갈 수 있는 피드백과 제안입니다. 미셸과 스테파니에게 피드백을 제공하기에 앞서 나는 '치료적 휴식'을 취했습니다.

상담자　저는 오늘 여기서 우리가 함께 얘기를 나누며 인상적이었던 내용을 두 분과 함께 나누고 싶습니다. 우리가 얘기를

	나누는 동안 제 마음속에 많은 생각이 스쳐 지나갔는데요. 두 분께서 괜찮다면 제가 생각을 정리할 수 있도록 짧은 휴식을 가졌으면 합니다. 어떠세요?
스테파니	물론이죠, 괜찮습니다.
미셸	네. 그렇게 하세요.

    나는 상담을 진행하며 노트에 메모를 하지 않습니다. 그래서 짧은 휴식을 취하며 생각을 정리하고 인덱스 카드에 내가 들은 내담자의 강점, 자산, 성공 등에 관한 내용을 적습니다. 미셸과 스테파니가 서로 얘기를 나누고 있는 동안 그들의 관계가 잘 유지될 수 있도록 한 것이 무엇이었는지에 대해 5분 정도 생각하는 시간을 가졌습니다. 맥주집에서 만난 첫 날, 그들이 어떻게 관계를 구축하기 시작했는지에 대해 생각했고, 상담에서 미셸과 스테파니가 사용한 언어로 그들의 강점과 성공에 대한 목록을 작성했습니다.

상담자	우선, 제 생각을 정리할 수 있는 시간을 주셔서 감사드립니다. 이 시간은 제게 굉장히 도움이 되는 시간입니다. 이제 두 분과 나누고 싶은 몇 가지 사안이 있는데요. 미셸부터 시작해도 될까요?
미셸	네, 물론이죠.

상담자	감사합니다. 미셸, 당신에 대해 가장 인상 깊었던 것은 당신이 아주 강하고 열정적인 분이라는 겁니다. 우리의 대화에서도 몇 번인가 당신은 열정적인 키스를 원하고, 사랑받고 싶어 하는 것에 대해 얘기했죠. 그러한 특성이 초기에 두 분 사이의 관계에서 큰 역할을 한 것으로 보입니다. 당신은 또 의사소통에도 능해 보였습니다. 두 분이 만난 바로 그 날부터 당신은 굉장히 직선적이고 자신감이 있었죠. 그것이 당신과 스테파니가 서로 대화를 나눌 수 있도록 했어요. 오늘도 자신을 분명하게 표현하셨죠. 그러한 모습 때문에 제가 당신과 얘기를 나누는 것이 훨씬 쉬웠습니다. 그러한 특성은 두 분 사이의 관계에도 영향을 미쳤고, 스테파니도 당신과 관계를 유지하기가 한결 쉬웠을 겁니다. 어떠세요, 이해가 되시나요?
미셸	[눈물을 훔치며] 네, 그럼요. 우리가 좋을 때 저는 있는 그대로의 저일 수 있고, 스테파니도 그것을 잘 알고 있을 거예요.
상담자	스테파니, 당신은 아주 안정적이고 인내심이 많은 분으로 보입니다. 미셸의 굉장한 열정은 당신의 안정적인 성향과 맞물려 균형을 이루죠.
스테파니	네, 제가 많이 느긋하고 내성적이죠.

상담자	네. 분명 그런 것 같아요. 그리고 그런 조용한 모습이 당신을 눈에 띄게 했던 거죠. 그건 여전히 당신의 한 부분인 것 같습니다.
미셸	네, 여전히 그렇죠. [스테파니의 손을 잡는다]
상담자	전 두 분의 강점을 관찰하는 것이 즐거웠습니다. 두 분은 각자 가지고 계신 강점을 활용해 서로를 행복하게 할 수 있는 것 같습니다. 이번 회기를 진행하며 그것을 볼 수 있었어요.
스테파니	[이제 손을 잡고] 감사합니다.
미셸	네, 정말 감사합니다.
상담자	이제 시간이 다 되어 가는데요. 나가시기 전에 오늘 우리가 무엇을 성취했는지 여쭤 봐도 될까요?
미셸	전 이제 스테파니와 함께 하고 싶다는 것을 깨달았어요. 사실, 말은 안했지만 제가 요즘 전 애인과 만나고 있었거든요. 그래서 상담에 오면서 엄청 혼란스러웠어요. 제가 뭘 원하는지 확실하지가 않았거든요. 스테파니와 사이가 안 좋아지면서 다른 사람이 우리 둘 사이에 끼어들게 했거든요. 여기에 앉아 스테파니가 저에 대해 말하는 것을 듣고, 또 선생님의 질문을 들으면서 여기가 제가 있어야 할 곳이라는 걸 알 수 있었어요.

스테파니	그 말을 들으니까 뭔가… 정말 희망이 생기네요. 그게 제가 이 상담에서 얻길 원했던 거예요. 저는 희망을 가지고 여길 나갑니다.
상담자	그런 말씀을 들으니 정말 좋네요. 두 분을 만나 뵐 수 있었던 것이 제게도 큰 기쁨이었습니다. 두 분에게 이 상담이 도움이 된다고 생각하시면 앞으로 한두 번 더 봬도 좋을 것 같네요.
스테파니	물론이죠.
미셸	저도 좋을 것 같아요.
상담자	그러면 그때까지 두 분 사이가 나아지고 있음을 알려주는 신호에 대해 관찰하실 수 있을까요? 지금부터 다음 상담 사이에 두 분의 관계가 회복되고 있다는 아주 작은 단서라도 찾아보실 것을 권합니다.
미셸	네, 노력해볼게요.
스테파니	저도요.

이 회기는 커플과 다음 상담에 대한 약속을 잡으며 끝이 났습니다.

나는 미셸과 스테파니가 원하는 미래에 대한 구체적인 모습을 끌어내기 위한 질문으로 회기의 대부분을 썼습니다. 마지막 지점에 다다른 지금, 나의 역할은 대화에서 발견된 그들의 강점과 긍정적 특성을 강화하는 것으로, 상담을 시작한 이래 처음으로 그들보다 내가 더 많은 말을 했습니다. 회기의 끝에 내담자에게 할 수 있는 칭찬은 종종 그들의 관계를 긍정적인 방향으로 변화시키는 데 좋은 소재로 활용되곤 합니다.

치료적 휴식

내가 처음으로 치료적 휴식을 경험한 것은 대학원 재학시절이었습니다. 동급생 중 한 사람이 어려운 문제로 힘들어하는 커플과 상담을 하며 애를 먹고 있었죠. 교수님은 8명으로 구성된 우리 반이 새로운 아이디어를 위한 반영팀(a reflection team)으로서의 역할을 해볼 것을 제안하셨습니다. 우리는 문제의 커플상담을 일방경(매직미러, 관찰실이 보이지 않는 거울형 유리)이 있는 관찰실에서 지켜보았습니다. 해결중심상담자였던 교수님은 우리에게 커플의 강점과 자원을 관찰할 것을 지시하였고, 인턴 상담자에게는 회기 마지막 부분의 피드백을 위해 우리를 만날 수 있도록 치료적 휴식을 취하라고 지시하셨습니다. 다른 많은 심리상담접근에서 개인,

커플과 상담을 하며 휴식과 반영팀을 활용하지만 이것이 내가 실제 상담에 참여하며 역할을 수행한 첫 번째 경험이었습니다.

치료적 휴식을 취하는 동안 우리는 인턴 상담자에게 커플의 긍정적인 특성과 칭찬할 만한 부분에 대해 말해주었습니다. 그는 상담실로 돌아가 우리가 말한 내용을 읽어주었습니다. 그런데 커플의 반응을 보고서 나는 깜짝 놀라고 말았습니다. 메시지를 들으며 그들의 눈에는 눈물이 고였고, 서로 살며시 손도 잡는 것이었죠. 그리고 상담이 끝나자 그들이 내뱉은 말은 "와"라는 탄성이었습니다.

이 커플은 다음 상담에 와서 자신들의 관계에서 가장 좋았던 한 주를 보냈으며, 그러한 시간이 앞으로도 계속되기를 기대한다고 말했습니다. 첫 회기에서 그들은 과제를 부여받지도 않았고, 또 인턴 상담자가 심오한 통찰을 제공한 것도 아니었습니다. 그가 한 것은 그저 칭찬 목록의 내용을 읽어준 것뿐이었죠. 그 단순한 행동이 이처럼 굉장한 효과를 보인 것입니다.

반영팀은 이처럼 해결중심상담에서 중요한 역할을 해냅니다. 그러나 커플에게 사려 깊은 칭찬과 제안을 위한 치료적 휴식을 취하기 위해, 개별 상담자 스스로가 반영팀의 역할을 수행할 수도 있습니다.

피드백 제공

유용한 피드백을 제공하기 위해 커플의 언어를 사용하는 것은 매우 중요한 일입니다. 상담자는 대화 전체에서 사용된 내담자의 언어를 면밀하게 관찰하고 그것을 활용해야 합니다.

상담자로 일하기 시작한 초창기, 나는 한 기관에서 회기가 진행되는 동안 내담자의 말을 받아 적고 나중에 그것에 기초해 내담자에 대한 광범위한 평가를 진행해야 하는 일을 맡았습니다. 그 기관에서 활용하는 모델은 진단적 사고와 문제중심 사정도구를 중시했으며, 상담자는 내담자가 목표를 이룰 수 있도록 돕기 위한 개입과 과제를 개발해야 했습니다. 나에게 이러한 과정은 쉽지 않았습니다. 내 자신이 다른 사람들에게 더 나은 삶을 살도록 가르칠 수 있는 특수한 지식을 가지고 있다고 생각할 만큼 특별한 위치에 있다는 생각을 단 한 번도 한 적이 없기 때문입니다. 나를 비롯한 내 소속 상담팀이 어떤 내담자를 위해 개발한 과제에 대해 내담자의 반응을 살펴보았지만 그것은 번번이 "그건 벌써 해봤지만 소용이 없었어요." 또는 "그건 … 때문에 우리에게 효과가 없을 것 같은데요."와 같은 것이었습니다. 만일 내담자가 과제를 거부하거나 그 과제가 효과가 없다는 것을 알게 되었을 경우, 그 기관의 슈퍼바이저는 내담자를 '저항적'이라고 표현했습니다. 이러한 관찰은 내가 해결중심상담과 문제중심접근 간 차이에 대해 이해하도록 도왔습니다. 문제중심상담이 잘못되었다거나 그것이 비효과적이라고 말하는 것이 아닙니다. 다만 내게 더 와 닿았던 것은 내담자가 원하는 미래에 초점을 두는 것이었습니다. 나는 그러한 관점으로 내담자와 상담을 하기 시작했습니다.

관점을 바꾸기 시작하자 내담자, 가족, 그리고 커플들이 나의 피드백에 반응하는 방식에서 즉각적인 변화를 관찰할 수 있었습니다. 내담자들은 나에게 그들이 과제를 완수할 수 없다거나 전 회기에서 무슨 말을 했었는지 기억하지 못한다는 말을 더 이상 하지 않았습니다. 대신 그들은 스스로 만들어 낸 과업을 수행하며 관찰한 진전에 대해 이야기했고, 더 많은 열정을 가지고 상담에 임했습니다. 놀랍게도 내담자들은 내게 자신의 강점, 자원, 성공에 대해 적은 메모지를 줄 수 있는지 물어보았습니다. 내가 문제중심의 관점에서 상담을 했을 때 그 누구도 나에게 메모지를 보여 달라고 한 사람은 없었습니다. 이러한 일들이 한 주에도 몇 번씩 생기기 시작했습니다. 커플, 청소년, 성인, 남자, 여자 할 것 없이 모두 내게 메모지를 보여 달라고 요청합니다. 왜 그럴까요? 나의 가설은 이렇습니다. 내담자가 실제로 사용했던 그들의 언어를 상담자인 내가 함께 쓰기 시작했을 때 그들에게 전달되는 피드백 또한 훨씬 더 와 닿았을 것이라는 점입니다. 그것은 그들에게 좀 더 의미 있고 기억할 수 있는 것이 되었을 겁니다. 이전 직장에서 내가 한 일은 내담자들이 인식하지 못하거나 이해하지 못하는 현실을 받아들이도록 설득하는 것이었습니다. 이제 내가 믿는 것은 우리가 내담자의 세계관이나 그들이 쓰는 언어를 받아들일 필요는 없지만 현실에 대한 그들의 관점에 기초해서 과제를 개발하지 않는다면 상담이 효과적으로 기능할 가능성은 매우 낮을 것이라는 점입니다.

피드백은 커플이 자신들의 문제에서 벗어나 원하는 미래로 향할 수 있도록 그들의 강점과 특성을 제공하는 데 있습니다. 피드백은 커플이 무엇을 다르게 해야 하는지에 대한 의견을 제시하는 시간이지만 그들의 문제를 고치기 위해 무엇을 해야 하는지를 가르치는 시간은 아닙니다. 상담자는 커플의 삶에 대한 전문가가 아니니까요. 상담자는 해결구축의 과정이 내담자 자신의 언어를 활용하여 커플의 강점과 자원에 대한 확장을 제공하는 것 그 이상이 되어서는 안 될 것입니다. 우선 커플이 자신들의 강점을 인식하고 과거의 성공에 대해 다시 기억할 수 있게 된다면, 또 그들의 성공이 우연히 일어난 것이 아님을 깨닫게 된다면, 상담자가 더 이상 개입하지 않더라도 그들은 자신을 상담으로 이끈 문제를 보다 잘 해결할 수 있게 될 것입니다.

제안

가족상담에 관한 초기 문헌이나 초기 해결중심상담에 관한 문헌에서 과제를 부여하는 일은 제안(suggestion) 혹은 초대(invitation)로 명명되었습니다. 나는 초대가 이를 표현하는 더 정확한 말이라고 생각합니다. 해결중심상담자는 문제중심상담자의 방식으로 과제를 개발하지 않습니다. 해결중심상담자는 커플이 자신들의 강점을 활용할 수 있도록 초대하거나 효과적이었던 일들을 할 수 있도록 제안하고자 할 때 내담자의 언어를 활용합니다. 그러한 제안은 회기 사이에 무엇이 좋아졌는지를 관찰하는 일입니다.

대부분의 사람이 타인의 문제를 '해결'하기 위해 돕고자 하는 마음을 갖는 것은 인간의 강한 충동에서 기인합니다. 그것은 상담자가 커플에게 어떻게 하면 좀 더 성공적인 관계를 만들 수 있는지 '가르치려는' 충동과 비슷한 것이죠. 커플의 강점은 상담자의 간섭이나 그들에게 익숙하지 않은 아이디어를 강요하지 않아도 충분히 강화될 수 있습니다.

대부분의 커플이 상담에 임할 때에는 서로 간의 의사소통을 향상시킴으로써 그들의 관계를 개선해 보고자 마음먹습니다. 그들은 "우리는 서로 대화가 안 돼요." 또는 "우리는 서로 의견이 맞은 적이 없어요."라고 말하곤 합니다. 이때 커플과 눈이 마주치게 되면 당장이라도 효과적인 의사소통에 대한 기술을 가르치고자 하는 유혹이 상담자의 내면에 생겨날 수 있습니다. 대신 이럴 때 우리는 커플이 상담에 오기로 결정하고, 상담자를 선택하고, 약속시간에 나타난 것에 집중해야 합니다. 커플은 그들의 문제를 상담자가 '시키는 대로' 하기 위해 찾아온 것이 아니라 뭔가 다른 것을 시도해 보고자 선택한 것입니다. 문제가 있었던 것을 잊거나 잠시라도 그들의 관계가 좀 더 건강한 방식이었던 때가 있었을 것입니다. 우리가 커플에게 그들의 삶에 있었던 예외에 좀 더 주목할 수 있도록 초대할 때 다른 예외를 만들 수 있는 그들의 능력이 강화될 것입니다. 그들은 스스로 생각했던 것보다 더 많이 성공적이었음을 깨닫게 될 것입니다. 그럴 때 그들의 가장 좋은 특성에 기초한 아이디어는 커플 스스로에 의해서 만들어질 수 있습니다. 이것은 스스로 만들어 낸 아이디어를 따르고 해 보려는 가능성을 극적으로 높입니다. 상담을 진행하며 마음속에 커플을 위한 수만 가지 아이디어가 떠올랐던 시간을 기억합니다. 그러나 그들 스스로가 더 좋은 계획을, 더 좋은 방향을 만들어 내는 것을 보며 나의 제안은 대개 생각에서 그치곤 합니다.

해결 구축의 대화를 마무리하는 것은 내담자와 그 과정을 신뢰하는 것에 관한 것입니다. 내게 해결중심상담을 처음으로 알려준 분은 린다 메트칼프(Linda Metcalf) 박사입니다. 해결중심상담을 처음 알게 될 당시 그 단순함에 나는 의심으로 가득했고, 교수님에게 그 접근에 대해 끈질기게 질문하고 그것이 실제로 효과가 있는지에 대한 증거를 찾고자 많은 시간을 보냈습니다. 궁극적인 증거는 내가 만난 커플, 가족, 그리고 개인 내담자들에게 있다는 것을 깨달았습니다. 그들은 삶이 이전보다 나아졌고, 우리의 회기가 거듭될수록 희망을 보았으며, 계속해서 앞으로 나아갈 수 있는 원동력이 되었다고 말했습니다.

나의 내담자 중 대부분은 이전에 만났던 다른 상담자들과의 상담에서 큰 효과를 보지 못했던 사람들이었습니다. 먼 거리에서 커플들이 나를 찾아올 때 그들은 나의 상담방식이 이상하지만 효과적이라는 것을 들었기 때문입니다. 내가 해결중심상담을 시작한 이유는 이론적으로 나 스스로가 설득될 수 있었기 때문이기도 했지만, 내가 이 상담을 지속할 수 있었던 이유는 그것이 효과가 있기 때문입니다.

지난 몇 년간의 경험에 비추어 볼 때, 나는 한 주에 25쌍 이상의 커플을 만났고 지금도 그들이 보이는 변화와 사랑의 이야기로 날마다 감동받고 있습니다. 해결중심상담이 모든 커플을 돕고, 모든 결혼을 구할 수 있다고 장담할 수는 없을 것입니다. 다만, 확실히 말할 수 있는 것은 상담의 과정을 통해 내담자 안에 있는 해결의 실마리를 찾을 수 있다는 절대적인 믿음일 것입니다.

Solution Building

in Couples Therapy

행동은 모든 성공의 근본적 열쇠이다.
- 파블로 피카소

후속 회기

첫 회기 이후
무엇을 할 것인가

해결중심상담을 처음 배우는 사람들에게 듣는 평가 중 하나는 훈련자료가 대부분 첫 회기에 집중되어 있다는 겁니다. 그러다 보니 훈련을 시작하면 두 번째 회기와 그 이후에 대한 질문이 많습니다. 그래서 이 책에 2회기 이후의 부분을 추가하기로 했습니다. 첫 회기는 해결중심상담에서 매우 중요하고 때로는 전부가 되기도 합니다. 많은 커플을 한 번 이상 상담에 참여하도록 하면서 상담자는 커플이 원하는 미래로 계속해서 움직일 수 있도록 이끌 준비가 되어 있어야 합니다.

2회기 이후의 상담과정은 후속 단계의 순서가 조금 다르다는 것 말고 첫 회기와 크게 다를 것이 없습니다. 첫 회기에 상담의 방향이 정해지면 2회기는 그러한 방향으로 가고 있는지를 확인하면서 시작합니다. 보통 2회기는 첫 회기보다 좀 더 유연한데, 내용의 많은 부분이 회기 사이에 발생한 일들에 따라 달라지기 때문입니다.

　보통 2회기는 네 단계로 이뤄지는데 칼과 제리의 상담 장면을 보면서 설명하겠습니다. 이들이 상담을 받고자 한 이유는 25년간 결혼 생활을 했지만 아내인 제리가 개인코치와 불륜을 저질렀다는 걸 칼이 알게 되었기 때문입니다.

　첫 회기에 '가장 바라는 희망'에 대해 질문했을 때 칼은 '서로에게 완벽했다고 생각했던 시절로 돌아가길 바란다'고 했습니다. 칼은 눈물을 흘리며 제리가 그의 신뢰를 저버렸고 이로써 자신의 삶은 망가졌다고 말했습니다. 나는 그에게 그와 제리가 서로에게 완벽했던 시간으로 돌아갔다는 것을 어떻게 알 수 있을지에 대해 물었고 그는 자신이 좀 더 애정을 표현하며, 서로의 관계에 대해 대화를 나누는 것이라고 했습니다.

　제리에게 이 만남을 통해 가장 바라는 것이 무엇인지 물었을 때 그녀는 감정이 복받쳐 올랐습니다. 그녀는 후회하고 있고 절대 남편에게 상처를 주고자 한 일이 아니었다고 말했습니다. 제리는 남편의 손을 잡으며, 예전의 모습으로 돌아가길 원한다고 말했습니다. 그녀가 말한 의미를 다시 물었을 때 남편이 다시 자신을 예전처럼 사랑하고 가깝게 지낼 수 있기를 바란다는 것을 분명히 말했습니다.

　회기가 진행되면서 우리는 함께 그 커플의 좋았던 과거를 탐색했고, 원하는 미래에 대한 모습을 발전시켰으며, 두 사람의 척도 점수도 2~3점 정도임을 확인했습니다. 이후 치료적 휴식을 갖고, 피드백과 과제를 제안하는 순서로 진행되었습니다. 회기가 끝나자 커플은 그들이 원하는 미래를 향한 진전을 알리는 모든 신호를 관찰하기로 했습니다.

1단계   변화의 신호를 발견하기

회기 사이에 놀라운 일들이 일어날 때가 있습니다. 가끔이지만 이혼의 위기에 있던 부부가 잉꼬부부가 되어 돌아오는 일도 있습니다. 이러한 내담자들 덕분에 해결중심상담을 더 믿을 수 있게 되는데 그 중에 큰 부분이 첫 번째 회기와 두 번째 회기 사이에 만들어지는 변화입니다.

상담자는 두 번째 회기를 "무엇이 좋아졌나요?"라고 물으며 시작합니다. 이것은 상담자 측이 가지고 있는 변화에 대한 가정을 전달하며 첫 회기에서 시작된 해결구축의 과정이 계속될 수 있도록 합니다. "좀 어떠셨어요?"나 "어떻게 지내세요?"라고 묻는 대신 무엇이 좋아졌는지 묻는 것은 커플이 그때까지 만들어 낸 변화에 방해가 될 수도 있는 문제의 언어로부터 멀어지도록 도움을 줍니다.

회기 사이에 생긴 변화를 알아보는 것으로 새로운 회기를 시작하는 것은 해결중심상담에서 매우 중요한데, 내담자가 아무런 변화의 증거를 찾기 어려울 때에도 이를 확인하는 것은 도움이 됩니다.

드 용(De Jong)과 김인수(2008)는 『해결을 위한 면접』에서 이것이 해결중심상담을 배우는 사람들이 이해하기 어려운 개념일 수 있다고 했습니다. 많은 경우 우리가 할 수 있는 것은 이전 회기에서 만들어진 제안을 커플이 얼마나 성취했는지 묻거나 또는 단순히 "상황이 좀 어떠신가요?" 정도를 확인하며 시작하는 것이라고 생각할 겁니다. 그러나 해결중심상담은 내담자가 전 회기의 제안을 달성하거나 그것보다 더 좋은 무엇인가를 했을 것이라고 가정합니다. "무엇이 좋아졌나요?"라는 질문으로 커플과 함께 문제를 해결할 수 있는 그들의 능력에 확신을 줍니다. 그런데 우리가 "뭐라도 좋아진 부분이 있나요?"라고 묻는다면 커플은 상담자가 그들의 성취를 의심하고 있는 것으로 받아들일 수도 있습니다.

'무엇이 좋아졌는지'에 대해 우선 질문함으로써 커플은 그들이 잘 하는 무엇인가가 잘 못하는 무엇인가보다 더 중요하다는 또 다른 메시지를 받습니다. 이것은 해결의 구축에 매우 중요한 과정입니다. 진전을 만들기 위해 사람들이 사용하는 방법과 특성은 더욱 큰 진전을 위한 기초이기 때문에 상담자는 이러한 긍정적 측면을 반드시 발견하고 검토해야 합니다. 어떤 커플은 그것에 대해 직접적으로 질문받기 전까지 자신들이 얼마나 많은 진전을 이뤘는지 잘 모를 수도 있습니다. 그들은 많은 변화가 없었다고 생각하며 상담에 올 수 있지만 회기 사이에 그들이 얼마나 많은 성장을 했는지 질문을 하면 부정적인 생각보다는 긍정적인 변화에 대한 언어로 상담을 시작할 수 있습니다. 커플 중 한 사람이 긍정적인 변화에 대해 기억할 수 있을 때 다른 변화들도 더 쉽게 발견됩니다.

워크숍 참여자들이 해결중심상담에 대해 자주 묻는 질문 중 하나는 만일 커플이 문제에 대해 말하거나 상황이 좋아지지 않았다고 말한다면 '어떻게 반응해야 하는가'입니다. 커플이 문제에 대해 말할 경우, 상담자는 이에 대해 과도한 호기심을 갖지 않은 채 문제를 인정해 주는 것이 중요합니다. 커플이 제기한 문제는 해결구축의 과정에서 해소될 수 있습니다. 칼과 제리와의 상담에서 첫 회기에 시작된 해결구축의 과정이 어떻게 두 번째 회기에서도 계속되는지 보시겠습니다.

상담자　지난주 우리가 만난 후 뭐가 좋아졌나요?

칼　　　제가 생각하기엔 어떤 것도 아주 좋아지진 않은 거 같은데요.

제리　　네, 좀 힘든 순간도 있었어요.

상담자　네, 물론 그러셨겠죠. 그런데 뭐가 아주 조금이라도 좋아졌나요?

[오랜 침묵과 잘 모르겠다는 어깨동작이 많아짐]

상담자   지난주에 두 분을 리얼리티 TV쇼의 카메라맨들이 따라다녔다고 상상해 보세요. 두 분의 매 순간을 찍고 있는 거죠. 우리가 그 필름을 본다면 힘든 순간도 있었지만 상황이 좀 나아졌음을 알 수 있는 신호는 무엇이 있었을까요?

제리   저 사람이 때론 제게 잘 해줬어요.

상담자   비디오에 그것은 어떻게 비췄을까요?

제리   저 사람이 어떤 날 밤은 잠자리에서 저를 안아주었고, 말다툼 없이 대화를 할 수도 있었어요.

상담자   오, 정말이요? 언제 그랬나요?

제리   밤에 우리가 집근처를 산책 나갔을 때요.

상담자   그건 누구의 생각이었나요?

칼   제가 그랬어요. 좋은 밤이었고 아내가 더 많이 함께 걷기를 원한다고 말했었죠. 그래서 그것을 해볼 좋은 시간이라고 생각했어요.

상담자   만일 카메라맨이 그 순간을 촬영했다면 그들은 산책에서 두 분의 어떤 모습을 찍었을까요?

제리   별거 없어요. 걷고, 얘기하고, 손도 잡고, 뭐 그런 거죠.

상담자   그 대화가 논쟁으로 변하지 않도록 하기 위해 뭘 하셨나요?

칼   그 날은 아주 좋은 저녁이었어요. 우리는 그저 주변에 보이

	는 것들에 대해 얘기를 나눴죠. 나뭇잎이 나오기 시작했고 사람들이 앞마당에 심어놓은 꽃들이 피기 시작했죠.
제리	네, 아주 즐거운 시간이었어요. 아주 좋은 산책이었죠. 지금 생각해 보니 맨날 같은 문제에 대해 얘기하며 시간을 허비하지 않는 것이 좋았던 것 같아요. 한 주 내내 그러지 못해 아쉽긴 하지만요.
상담자	네, 그렇네요. 그렇지만 그것이 얼마나 지속되었나요?
칼	제 생각엔 한 30분 정도 걸은 것 같아요. 긴 산책은 아니었지만 아주 좋았죠.
상담자	그 비디오에서 지난 회기 후 두 분 사이에 좋았던 것을 보여주는 다른 것은 또 무엇이 있을까요?
칼	네, 우리가 친밀함을 느낄 수 있는 시간이 몇 번 있었죠. 제 생각엔 그것도 좋았던 것 같아요. [제리를 처다봄]
제리	네, 저도 좋았어요.
상담자	그것은 두 분께 놀라운 일이었나요?
제리	네, 저 사람이 화가 많이 났었고 최근엔 저를 거의 거들떠보지도 않았거든요. 저 사람이 저를 여전히 사랑한다는 것을 보여 준 것이 좋았어요. 솔직하게 말하면 그것에 대해 의문을 가지기 시작했었거든요.
칼	그 중 한 번은 저 사람이 시작한 것이기도 했어요.

앞의 사례에서 몇 가지 논의하고 싶은 부분이 보입니다. 첫째, 처음 물었을 땐 커플이 어떤 변화도 기억해 낼 수 없었지만 분명한 진전의 신호가 있었었다는 겁니다. 상담자의 과업은 긍정적인 부분을 계속해서 탐색하는 것입니다. 둘째, 비록 더 나빠지는 부분도 있겠지만, 조금이라도 좋아지는 부분이 반드시 있다는 겁니다. 칼과 제리의 경우 그 주에 어려운 순간이 분명 있었고, 이는 상담에 참여하면서 그들이 주로 생각하는 부분입니다. 이 커플은 잘 진행되고 있는 일들에 대해 충분히 인식하지 못하고 있었습니다. 조금 더 탐색하고 질문을 바꿈으로써 실제로 그들 사이에 있었던 진전의 신호를 알아볼 수 있었습니다. 이런 발전의 신호는 의미 있는 것이었기 때문에 그들이 더 얘기를 나누면서 더 상세한 정보를 알아낼 수 있도록 도움을 주는 것이 중요했습니다. 대화를 나누면서 커플은 힘들었던 순간에도 다른 긍정적인 측면도 있었다는 걸 기억해 낼 수 있었습니다.

이 대화에서 내가 강조하고 싶은 부분은 아무것도 나아진 것이 없다는 커플의 진술과 그 이후에 나타나는 내담자의 문제 언어를 다루는 상담자의 기술입니다. 상담자의 역할은 커플이 말하는 현실에 대해 도전하거나 무시하는 것이 아니라 그것을 있는 그대로 받아들이는 것입니다. 우리는 무엇인가는 좋아졌을 것이라는 믿음을 유지해야 하지만 그들이 달리 말한다고 해서 커플의 답변을 부정할 수는 없습니다. 나는 칼과 제리에게 어려운 일이 있었다는 그들의 말을 분명히 이해한다고 반응했습니다. 그렇지만 나는 그들에게 잠깐이라도 이것과는 다른 것에 초점을 맞출 것을 부탁했습니다. 그것은 그들의 어려움에 대한 이해없이 "그렇지만 분명 뭔가 좋아진 것이 있었을 텐데요."라고 말하는 것과는 분명 다른 방법이었습니다. 만일 내가 그렇게 말했다면 그 커플은 자신들이 옳고 내가 틀리다는 것, 즉 아무것도 좋아진 것이 없다는 것에 대해 집중하며 나를 설득했을지 모릅니다. 그것은 내가 그들과 나누고 싶은 대화의 방향과는 다른 것입니다. 나는 그들이 보낸 좋은 시간에 대해 알고 싶었기 때문에 다른 방식으로 질문을 했습니다. 분명 뭔가 좋아졌을 거라고 믿었습니다. 한 주 내내 모든 것이 나쁘기는 어렵기 때문입니다. 작더라도 뭔가 좋아진 것이 분명 있을 겁니다. 내가 관심을 갖는 부분은 바로 커플이 원하는 미래가 가능하도록 도움을 주는 정보입니다.

2단계　　　　진전의 신호를 확대하기

몇 년 전 변화를 확장하는 것이 얼마나 중요한지를 알려 준 한 커플과 상담을 했습니다. 토니와 게일은 40대 중반의 부부로 남편의 음주문제 때문에 상담을 시작했습니다. 토니는 자신이 하루에 위스키를 25잔 이상 마시며, 집 주변에 있는 세 곳의 술집에서 많은 시간을 보낸다는 것을 인정했습니다. 한때 잘나가는 보험회사 매니저였지만 음주 문제로 사업에 실패했고, 음주운전으로 몇 번이나 체포된 경험도 있는데 이제 한 번 더 음주운전을 하면 오랜 기간 수감될 처지에 놓이게 된 것입니다. 가족은 사업을 하다 남은 돈으로 생활을 하고 있었는데 대부분 남편의 술값으로 빠져나갔습니다.

첫 회기 이후 무엇이 좋아졌는지에 대해 물었을 때 토니는 화를 내며, 단 하루라도 술을 마시지 않겠다는 부인과의 약속을 지킬 수 없었다고 했습니다. 그는 매일 술을 마셨고 또 그 중 며칠은 음주운전도 했습니다. 그러나 그것이 전부는 아니었습니다. 몇 가지 질문을 더 받은 후 토니는 평소보다 술을 좀 덜 마시는 날이 있었음을 말할 수 있었습니다. 왜 그런 일이 일어났는지 토니의 생각을 물었더니 흥미로운 답변이 돌아왔습니다. 술을 마시러 가려는데 깨끗한 옷이 없어서 몇 년 만에 양복을 입었다고 했습니다. 뭐가 달랐던 걸까요? 그는 그러한 행동이 자신을 좀 더 전문가처럼 느끼게 만들어줬다고 했습니다. 그것이 자존심을 높여 준 것입니다. 덕분에 술보다는 사람들과의 대화에 더 집중할 수 있었습니다. 새로운 사람도 만났습니다. 집으로 돌아오는데 주머니에 돈이 남아 있어서 술을 덜 마셨다는 걸 알았다고 했습니다. 그래서 토니에게 양복을 좀 더 자주 입는 과제를 줬으며 이렇게 함으로써 다음에도 술을 덜 마실 수 있는지 확인하고자 했습니다.

음주가 상당히 줄었습니다. 삶의 다른 부분도 달라지기 시작했습니다. 바람도 피우지 않았고 자녀와의 관계도 좋아졌습니다. 아내인 게일과도 가까워졌습니다.

점차적으로 좋아진 몇 주를 보내고 게일은 우리의 예정된 상담회기에 남편 없이 혼자 등장했습니다. 그녀는 어느 날 저녁에 집에 돌아왔을 때 토니가 짐을 싸고 있는 것을 봤습니다. 토니는 게일에게 재활병원까지 운전해 줄 것을 부탁했습니다. 몇 년간 저항했던 가족의 부탁을 드디어 받아들이고 술을 끊기로 결심한 것입니다.

나와 게일은 그런 변화가 어떻게 일어났는지 정확히 알지는 못했습니다. 그렇지만 만일 우리가 그의 음주문제와 낮은 자존감 사이의 연결을 알아보지 못했다면 이러한 일이 벌어졌을까 하는 예상은 해봅니다. 그는 자신의 음주에 패턴이 있음을 주목하지 못했고, 또 음주를 통제할 힘이 자신에게 있다는 것을 확신하지 못했습니다. 그런데 상담과정에서 긍정적인 변화를 주목했고 이를 확대함으로써 자신의 삶에서 술을 없앨 수 있는 힘이 있음을 알게 된 것입니다.

2년 후 토니에게서 한 통의 편지를 받았습니다. 현재 18개월째 금주를 지키고 있으며 아들 야구팀의 코치로 활동하고 있다고 했습니다. 최근 이긴 경기의 기념 배지를 보냈는데 지금도 내 방에 걸려있습니다. 암담한 상황에서도 내담자 안에 이겨낼 힘이 있다는 걸 기억하기 위해 그것을 간직하고 있습니다. 우리는 내담자의 힘을 믿어야만 합니다.

커플과 진전의 신호를 확대하는 방법은 "어떻게 그것을 알아볼 수 있었죠?" "당신이 …했을 때 부인이 행복해 하는 것을 보셨나요?" "그 포옹이 그에게 얼마나 큰 의미가 있었는지 남편의 말을 들으시고 놀라셨나요?"와 같은 간단한 방법일 수 있습니다. 종종 기적의 순간은 우리가 그것을 기대하지 않을 때 일어나기 때문에 실제로 잘 인식하지 못합니다. 상담회기 내에서 이러한 순간들에 대해 검토하며 내담자들은 그러한 순간들이 우연히 일어나는 것이 아님을 깨닫기 시작합니다. 이런 순간은 다시 일어날 수 있는 내담자의 특별한 행동 때문에 일어납니다.

변화를 만들어 낼 때 '사용된 방법을 강조'하는 것도 도움이 됩니다. "…하려고 어떤 방법을 활용하셨나요?" 또는 "당신이 …할 수 있도록 한 것이 당신에 대해 무엇을 말하고 있나요?"와 같은 질문으로 성공을 이끈 특성과 긍정적인 측면을 알아내고자 합니다. 이런 긍정적 특징들이 더 높은 단계로 나아가게 하는 바탕이 됩니다.

다음은 칼과 제리의 2회기 상담의 일부입니다. 이 이후로 그들이 만들었던 변화가 확대되기 시작합니다.

상담자	두 분이 좋은 한주를 보내고 있다는 것을 아시게 된 것은 어떤 지점이었나요?
칼	[웃음] 오늘이요!
제리	네, 얼마나 좋은 신호가 많았는지 우리 둘 다 알지 못했다고 생각해요.
상담자	다시 생각해볼 때 어떻게 그렇게 하실 수 있었나요? 제가 여쭤보는 것은 무엇이 그러한 진전을 만들 수 있도록 했는가 하는 것입니다.
칼	제 생각엔 우리가 진정 서로를 사랑하고 또 우리의 사랑은 아마도 우리가 생각했던 것보다 더 강하다는 겁니다.
상담자	와, 참 흥미롭군요. 당신의 강한 사랑이 그러한 진전이 생기도록 했다는 거군요. 제리, 당신은 뭐였다고 생각하세요?
제리	저도 같은 생각이에요. 제가 끔직한 실수(불륜에 **빠진 것**)를 저질렀고 그것을 다시 주워 담고 싶지만… 저는 제리를 정말로 사랑하고, 더 많이 표현하고 싶은 마음뿐입니다.
상담자	그것이 이번 주 새롭게 보이기 시작하는 것이군요.

대화가 진행되며 그들은 좋은 한 주를 보낼 수 있었던 부분에 집중하며 계속 탐색했으며, 회기를 시작하며 언급한 문제에 대해 다시 언급하지 않았습니다. 이건 흔한 결과입니다. 커플이 진전에 대해 알아보고, 방법을 찾는 과정은 마치 회기 간 일어난 변화에 대해 서로 칭찬하는 것처럼 보였습니다. 이는 오랜만에 찾아온 긍정적인 대화일 수도 있고 아니면 처음 경험하는 것일 수도 있습니다.

3단계   현재 척도의 어디에 계신가요?

이제 우리는 커플과 함께 상황이 나아진 것을 알려주는 신호를 찾아내고 그러한 변화를 어떻게 만들어 낼 수 있었는지를 알아봤으니 다시 척도로 돌아갈 수 있습니다. 2회기 이후에 활용하는 척도는 첫 회기에 사용한 방법과 같은 방식으로 활용됩니다.

나는 커플들이 상담 초반 자신들이 스스로를 어떻게 평가했는지 기억하는 것을 보면 항상 놀랍니다. 시간이 지나도 사람들은 정확히 척도점수를 기억하고 진전의 결과를 스스로 모니터링합니다. 만일 커플이 그들의 점수를 기억하지 못한다면 "되돌아 볼 때 첫 회기에서 스스로에게 어떤 점수를 주실 것 같으세요?"라고 물으면 됩니다. 이는 2회기에서 커플이 비교를 할 수 있는 기초자료가 될 수 있습니다.

　척도에 대한 또 다른 측면은 각 파트너가 서로 다른 점수를 부여해도 상관없다는 겁니다. 상황에 따라 한 사람이 다른 사람보다 더 긍정적인 한 주를 경험했을 수도 있습니다. 경험상 그러한 일이 흔하지는 않지만, 두 사람이 비록 힘든 관계라 할지라도 관계 속에 존재하기 때문에 한 사람이 나아지면 나머지 사람도 대개는 같이 좋아집니다. 그렇지만 기억해야 할 것은 척도는 커플의 언어와 세계관을 활용해 진전을 측정하는 것이기 때문에 상담자가 질문을 구축할 수 있는 필요한 정보를 얻고 있다면 척도 위 점수가 높든 낮든 상관없습니다. 해결의 구축은 내담자의 언어와 세계관을 활용해 그 다음 질문을 만드는 것입니다. 척도는 해결구축의 중요한 부분인데 상담자가 커플과 함께 협력하는 상담의 효과성을 측정할 수 있도록 도움을 줍니다. 척도를 활용하며 상담자가 전문가로서 효과성을 측정하는 역할을 수행할 필요는 없습니다. 만일 그렇게 한다면 다음에 이어지는 해결의 구축을 더욱 어렵게 만들 뿐입니다. 칼과 제리의 다음 회기를 보면 척도질문이 어떻게 활용되었는지 알 수 있습니다.

　상담자　이제 한 주가 지났는데 상황이 좋아지고 있음을 알리는 신호가 많이 있었습니다. 지금 두 분은 척도 위 어디에 있

	다고 할까요? 첫 회기의 척도를 기억하시나요? 10은 가장 좋은 것이고, 0은 그 반대죠.
칼	네, 제 생각엔 제가 1에 있다고 했을 겁니다. 아주 낮았죠.
제리	전 3이라고 했었어요.
상담자	오늘 두 분은 척도의 어디에 있다고 하실까요?
제리	당신이 먼저 얘기해요. [칼을 쳐다봄]
칼	저는 5점이라고 말할 수 있을 것 같아요. 우린 아직 갈 길이 멀지만 거기에 다가가고 있는 것 같아요.
제리	저도 그렇게 말하려고 했었어요. 5점.
상담자	와우, 상황이 훨씬 좋아졌군요.

여기서 말하고 싶은 것은 전 주에 있었던 진전을 검토한 후에 척도질문을 한 것입니다. 이렇게 하는 것이 중요합니다. 만일 척도질문을 좀 더 일찍 했더라면 커플은 척도질문에 대해 그들의 성공을 염두에 두고 말하지 않을 수도 있습니다. 여전히 문제에만 집중할 가능성도 있습니다. 원하는 미래를 향한 진전의 신호를 찾아내는 것에 몇 분의 시간을 할애함으로써 상담자는 척도질문에 대한 커플의 답이 해결의 구축에 유용한 자료로 활용될 가능성을 높일 수 있습니다.

커플이 아무것도 좋아진 것이 없다고 말하는 경우도 있을 것이고 또 후속질문으로도 진전의 예를 찾아내지 못할 수도 있습니다. 비록 그런 경우가 드물기는 하지만 상담자가 그러한 상황을 어떻게 다룰 수 있는지가 중요합니다. 만일 커플이 상황이 그대로라고 하면 여전히 일상적인 해결구축의 과정을 활용해 무엇인가를 확장할 수 있습니다. "상황이 나빠지는 것을 어떻게 막으실 수 있었나요?" "어떤 방법을 활용하셨나요?" 이러한 질문들은 진전을 만들어내지 못한 것에 대한 비난으로부터 더 나빠지지 않도록 노력한 부분으로 대화의 주제를 옮길 수 있습니다. 커플의 상황을 나쁘게 느낄 비난보다는 나빠지지 않도록 한 노력에 대해 말할 수 있는 기회는 커플을 더 기분 좋게 만듭니다.

커플이 상황이 더 나빠졌다고 하는 경우 상담자가 문제중심의 언어로부터 좀 더 유용한 언어로 대화의 초점을 전환시키는 것이 그 어느 때보다 중요합니다. 예를 들면, 만일 커플이 상황이 나빠졌다고 한다면 "상황이 나빠졌는데도 두 분은 어떻게 대처하고 계신가요?" 또는 "그러한 상황에 대처하기 위해 어떤 방법을 사용하셨나요?"와 같은 질문을 활용할 수 있습니다. 이러한 질문은 커플에게 공을 돌리며, 그러한 문제를 다루려는 그들의 노력을 존중하는 겁니다. 만일 진전의 명백한 증거가 두 사람이 함께 상담하는 것뿐이라 하더라도 이런 접근은 해볼 만한 가치가 있는 것입니다.

4단계   원하는 미래를 발전시키기

첫 회기와 마찬가지로 후속단계는 미래에 초점을 둔 질문을 함으로써 대화가 미래로 향할 수 있도록 합니다. 척도질문에 대한 대답은 그러한 전환의 중요한 부분인데 이는 척도질문에 활용되는 언어가 가능한 것과 현실적인 것에 맞춰져 있기 때문입니다.

내가 어렸을 때 아버지는 보스턴에서 큰 햄버거로 유명한 레스토랑에 나를 데려간 적이 있습니다. 어리고 순진했던 나는 그 큰 햄버거를 다 먹을 수 있을 것으로 확신했는데, 막상 햄버거가 나오자 아버지에게 햄버거가 너무 크다고 불평을 했습니다. 아버지는 바로 내 햄버거를 여덟 조각으로 나눠주셨습니다. 그러자 그 큰 햄버거가 만만해 보이기 시작했습니다.

4단계는 첫 회기에서 만들어진 원하는 미래를 다루며, 이를 좀 더 작고 성취할 수 있는 조각들로 나눕니다. 이것은 커플에게 다가올 주에 뭐가 좋아질 것 같은지 상상해 보도록 하고 그들이 말하는 자세한 정보를 경청하는 것으로 진행됩니다. 칼과 제리와의 회기에서 그런 질문이 어떻게 활용될 수 있는지를 보여드리겠습니다.

| 상담자 | 잠깐 상상을 한 번 해 보세요. 오늘 여기서 상담을 끝내고 나가셨는데 두 분의 긍정적인 부분과 사랑이 두 분의 삶에서 더욱 큰 역할을 한다고 생각을 해 보세요. 그래서 척도에서도 5점에서 6점으로 올라가는 거죠. 두 분은 그것을 어떻게 알아보실 수 있을까요? |

제리와 칼은 더 많이 함께 걷고, 더 자주 손을 잡고, 더욱 사랑하는 미래의 세계에 대해 설명하기 시작했습니다. 그들은 그런 말을 하면서 손을 잡기 시작했고, 이러한 미래에 대해 더 자세히 설명하며 더욱 가까워졌습니다. 후속회기의 대부분은 그러한 자세한 정보를 탐색하는 것에 사용되는데, 이는 그렇게 하는 것이 커플을 변화의 문으로 안내할 가능성을 갖고 있기 때문입니다.

5단계   피드백과 제안

후속회기에서 메시지를 전달하기 전에 치료적 휴식을 갖지 않는 경우도 많습니다. 그리고 피드백과 제안도 1회기와 후속회기 간 차이는 거의 없습니다. 더 많은 시간을 커플과 함께 할수록 그들의 강점과 성공이 더 분명해집니다. 그래서 칭찬과 성공의 증거

목록을 작성할 시간이 필요 없게 됩니다.

칼과 제리에 대한 나의 피드백은 어려움에도 불구하고 그러한 진전을 만들어 낸 한 주를 보낼 수 있었던 것에서 그들의 사랑이 아주 강한 것임을 느꼈습니다. 이런 진전을 만들어 낸 두 사람을 칭찬했고 이런 진전의 신호가 계속되고 있는지 관찰할 것을 요청했습니다.

제안에 대해서 하나 더 말하자면…

커플은 종종 서로를 칭찬하는 과정에서 그들이 만들어 낸 변화의 징후를 발견합니다. 그래서 나는 두 사람에게 회기 간에도 서로에게 계속해서 칭찬을 해 주라고 제안합니다. 이렇게 하는 것은 커플이 상담회기 내에서 뿐만 아니라 그들의 삶에서도 긍정적인 대화를 할 수 있도록 돕는 것입니다.

● ● ●

이제 우리는 첫 회기와 후속회기에 대해 살펴보았고, 해결구축의 각 단계에 대해 상세히 알아봤습니다. 나는 이로써 커플과 어떻게 해결중심의 대화를 구축할 수 있는지를 설명했습니다. 커플이 자신들이 가지고 있는 최상의 특성에 대해 인식할 수 있도록 도와 그들이 원하는 미래로 향할 수 있는 문으로 안내하는 것은 매우 보람있고 신성한 경험입니다. 내담자를 믿고 그들이 가져오는 능력과 자원에 의지할 때 내담자의 힘은 더욱 커집니다.

아기를 낳을 때 아기를 위해 어머니가 요정에게 요청할 수 있는
가장 훌륭한 선물은 호기심일 것이다.

– 엘리너 루스벨트

질문

의미 있는 반응을
이끌 수 있는
질문 만들기

　대학원을 다닐 때 나는 다른 상담 방법론에 대한 많은 서적을 접했고, 그중 많은 책에서 저자들은 자신들의 특별한 접근의 이점을 이론적 용어로 주장하고 있었습니다. 이 책을 쓰는 나의 목적은 어떻게 또는 왜 해결중심상담이 효과가 있는지를 설명하는 것이 아니라 그저 해결중심상담자와 내담자가 함께하는 상담 회기 내에서 실제로 무엇이 일어나는지를 설명하는 것이었습니다. 나는 어떻게 커플과 해결중심대화가 구축되는지 보여 주길 원했습니다. 해결의 구축과정에 대한 개요를 설명하고 각 단계에서 상담자의 역할을 강조하고 싶었습니다.

　워크숍을 진행할 때 나는 "그 질문을 해야 한다는 것을 어떻게 아셨어요?"라는 질문을 자주 받습니다. 내 대답은 항상 '질문은 내담자의 반응에서 나온다'고 말합니다. 상담회기에서 말하는 모든 것은 그 다음 등장하는 대화에 기여하는데, 즉 내담자가 하는 말은 나의 질문에 기여하는 것이고, 나의 질문은 내담자의 반응에 기여하는 것입니다. 내가 질문하기 전까지 내담자는 내 질문에 대한 답을 할 수 없기 때문에 그들이 나의 이전 질문에 답하기 전까지 나도 다음 질문을 할 수 없습니다.

여기에서는 해결중심상담에서 자주 사용되는 질문에 대해 살펴보고 그러한 질문들이 커플내담자에게 어떻게 활용될 수 있는지를 알아볼 것입니다. 우리는 앞서 기적질문, 척도질문, 예외질문 등에 대해 살펴보았고, 이러한 질문들에 대해서는 이미 많은 자료가 있으니 참고하시기 바랍니다. 이제 나의 상담과정에서 커플들에게 의미 있는 반응을 얻어내는 데 유용한 질문들에 대해 살펴보고자 합니다.

질문 만들기

해결중심질문은 상담자의 호기심에서 나오며, 이러한 호기심은 해결구축의 기초가 됩니다. 상담자는 커플의 반응을 경청하고 다음 질문을 구성함에 있어서 어떤 부분에 호기심을 가져야 할지를 결정합니다. 워크숍 참가자들을 훈련시킬 때 가끔 나는 특별히 어려운 상황을 어떻게 다룰지에 대한 질문을 받습니다. 그런 질문은 나를 곤란하게 합니다. 상담을 할 수 있는 자료와 언어를 내담자가 건네기 전에 상담자는 내담자에게 무엇을 질문할지 또는 어떤 문구를 이용해 질문을 만들지 미리 알 수가 없습니다. 내가 미리 알 수 있는 유일한 질문은 "이 대화에 대한 당신의 '가장 바라는 희망'은 무엇인가요?"와 "두 분은 어떻게 만나셨나요?" 정도입니다.

커플과 해결중심상담을 수행하는 것에는 신뢰가 필요하다고 말한 바 있습니다. 상담자는 다음 질문을 만들기 위해 내담자의 대답과 그들이 사용하는 언어를 신뢰해야 합니다. 미셸과 스테파니의 회기에서의 한 예를 살펴봅시다.

상담자　그러면, 스테파니. 당신이 먼저 일어나는 분이니 뭘 보면 '오늘은 뭔가 다른데'라는 생각이 들까요?

스테파니　미셸에 대해서요? 아니면 저에 대해서요?

상담자　둘 다요.

스테파니　글쎄요, 아마도 미셸이 일어나 제가 출근을 할 때 '잘 다녀와'라거나 '사랑해'라고 한다거나 뭐 그럴 것 같은데요.

상담자　미셸이 비슷한 말이나 행동을 했던 다른 때와 비교해서 그날 당신에게 '잘 다녀와'라고 하거나 '사랑해'라고 말하는 방식이 어떻게 다를까요?

| **스테파니**   미셸이 조금 더 길고 진하게 키스를 해줄 것 같아요.

스테파니에게 문제가 사라진 것을 알 수 있는 단서에 대해 물으며 나는 가장 작고 상세한 정보에 대해 궁금했습니다. 스테파니는 자신이 직장에 갈 때 미셸이 "사랑해" 또는 "잘 다녀와" 또는 "그럴 것"이라는 말을 했습니다. 나는 그러한 반응의 어느 부분이라도 더 궁금해 할 수 있었습니다. 나는 "사랑해" 또는 "잘 다녀와" 또는 "그럴 것"의 정의에 대해 더 알아 볼 수도 있었습니다. 대신에 나는 스테파니가 사용한 말을 그대로 활용해 질문을 만들며 "잘 다녀와"와 "사랑해"라는 말에 대해 물었습니다.

그것이 옳은 선택이었을까요? 내담자의 반응을 듣기 전 상담자가 그것을 알 방법은 없습니다. 만약 그러한 반응이 유용한 것이고 미래에 대해 더 자세한 정보를 이끌어 낸다면 그것은 좋은 선택입니다. 만일 아니었다면 새로운 질문을 만들 필요가 있습니다. 이 사례의 경우 스테파니는 문제가 나타나지 않은 날의 아침에 대한 좀 더 상세한 정보를 제공할 수 있었고, 그것은 도움이 되는 반응을 이끌었습니다. 그러나 내가 어떤 일이 일어날지 미리 알 수 있는 방법은 없습니다. 나는 단지 궁금해 할 뿐입니다. 스테파니가 도움이 되지 않는 방식으로 반응했을 수도 있습니다. 그럴 때 나는 필요한 정보를 얻기 위해 새로운 질문을 만들어야 했을 것입니다.

커플이 자신들의 최선에 대해서 말할 수 있도록 초대하기

무엇이 커플에게 옳은 것인지에 대한 질문에 답하는 것은 쉽지 않습니다. 아마도 행복했던 시간이 너무 오래 되어서 그러한 날들의 긍정적인 부분이 쉽게 떠오르지 않을 수도 있습니다. 최근 상처가 되는 일이 있어서 상대에게 부정적인 마음이 들 수도 있습니다. 아니면 그들의 관계가 더 이상 개선될 수 없는 정도가 되어서 긍정적인 것이 아무것도 남아 있지 않다고 믿을 수도 있습니다. 어떤 경우라도 커플과 함께 그들에게 무엇이 잘못되었는지, 대신 잘된 것은 무엇인지에 대한 대화를 나누는 것이 중요합니다. 비록 커플이 그러한 대화를 힘들어하더라도 우리는 그들의 최선과 원하는 미래에 대해 대화할 수 있도록 초대해 볼 수 있습니다. 미셸과 스테파니가 함께 한 회기에서의 예를 들어보기로 합니다.

상담자 스테파니의 눈에 비치는 모습이 어떻게 다를까요?
미셸   슬프지 않을 것 같아요.
상담자 슬픈 대신 어떨 것 같아요?
미셸   행복이요. 스테파니는 행복할 때 눈이 달라 보여요.

미셸의 첫 대답에서 그녀는 '슬프지 않을 것'과 같이 삶에서 문제가 없는 방식으로 표현했습니다. 스테파니의 눈에 비친 모습을 설명할 수 있는 긍정적인 방식을 떠올릴 수 없었기 때문입니다. 그러나 그것은 해결을 구축하고자 하는 우리의 목적에 충분하지 않습니다. 그래서 나는 미셸에게 스테파니가 슬픈 대신 어떤 모습일지 그려볼 수 있도록 초대했고, 그것이 긍정적인 반응을 일으킬 수 있었습니다.

'가정해 보자'(suppose)는 말은 커플을 해결구축의 대화로 초대할 수 있는 또 다른 효과적인 단어입니다.

> 상담자   한 번 상상해 보세요. 내일 아침, 여느 때와 똑같이 일어났는데, 무슨 일인지는 모르지만 두 분이 저에게 말해왔던 연애 초기 그 사랑의 감정이 돌아온 거예요. 그것을 어떻게 알아차릴 수 있을까요? 밤사이에 일어난 일이라면 그것을 알 수 있는 첫 신호는 무엇일까요?
> 미셸   제가 울면서 일어나진 않겠죠.
> 상담자   대신 뭘 하게 될까요?
> 미셸   웃으며 행복해 할 것 같아요. 함께 안고 키스하고…

가정해 보라는 말로 질문을 시작함으로써 미셸이 아직 일어나지 않은 무언가를 상상해 보도록 초대할 수 있었고, 그녀는 그 초대를 받아들였으며, 이로써 대화의 방향은 원하는 미래를 향해 전환되었습니다.

질문상대 선택하기

회기의 특별한 순간에 누구에게 질문을 해야 할지 결정하는 것은 커플상담자에게 중요한 기술입니다. 만약 질문이 공평하게 진행되지 않으면 한 사람은 자신의 말이 경청되는 느낌을 가질 수 없으며 자신에게 대항해서 상담자가 상대편을 들어주고 있다고 생각할 수도 있습니다. '해결중심 테니스'라는 말을 다시 생각해 보면, 질문을 하는 과정은 두 사람에게 차례로 돌아가야 합니다. 이것은 두 사람 모두 자신의 말을 할 수 있도록 하고 이렇게 함으로써 대화는 두 사람이 모두 인정하는 방향으로 진행될 수 있습니다. 상담자는 상담 과정에 두 사람이 공평하게 기여할 수 있도록 각자의 반응을 이끌어 내야만 합니다. 미셸과 스테파니와의 대화에서 질문과 대답의 과정은 두 사람에게서 거의 비슷한 정도의 반응을 이끌어냈습니다. 그것은 우연히 일어난 일이 아닙니다. 나는 각 질문을 의도적으로 두 사람에게 번갈아가며 순서대로 했습니다.

해결의 구축은 커플과 상담자가 대화를 함께 구축하는 과정이며 세 사람은 반드시 대화에서 각자의 순서를 지켜야 합니다. 누구도 대화를 지배해서는 안 됩니다. 이것은 때로 상담자가 두 사람 모두 기여할 수 있도록 하기 위해 어떤 사람의 말을 중단시켜야 함을 의미할 수도 있습니다.

제삼자 질문

때로 어떤 내담자들은 배우자나 파트너 없이 관계상담을 찾을 수도 있습니다. 그러한 경우 상담자는 부재한 상대를 대화에 끌어들이기 위해 제삼자 질문을 활용할 수 있습니다. "비록 그가 여기에 없어서 우리에게 말할 수 있는 것은 아니지만 만약 상황이 좋아진다면 이번 주 남편은 무엇을 알아보실까요?" 그러한 질문은 종종 본인의 직접적인 반응만큼이나 도움이 되는 상세한 내용을 이끌 수 있습니다.

제삼자 질문은 커플의 전체적인 지지체계를 회기에 끌어들일 수 있는 강력한 방법이기도 합니다. "아이들은 뭔가 좋아졌다는 것을 어떻게 알아차릴까요? 당신의 관계가 다시 최상의 상태가 되었을 때 직장 동료들은 무엇을 보기 시작할까요? 당신의 강아지가 가장 좋아하는 그 사람이 행복한 관계 속으로 돌아왔을 때 강아지는 어떻게 반응할까요?" 이러한 질문들은 대화에 새로운 관점을 불러들일 수 있으며 변화를 이끌 수 있는 상세한 정보를 드러낼 수 있습니다.

어려운 커플에게 질문하기

해결중심상담에서 어려운 커플이란 없습니다. 상담자는 모든 커플을 신뢰하고 믿으며 그들에게 도움이 될 수 있는 질문을 해야 합니다. 만일 상담자가 어떤 커플을 어려운 내담자로 보도록 방치한다면 그들을 도울 수 있는 상담자의 능력은 심각하게 훼손될 것입니다. 어떤 커플이 상담자의 질문이 도움이 되지 않는다고 생각한다면 그 커플은 저항하는 것이 아닙니다. 다만 상담자가 잘못된 질문을 하고 있는 것입니다. 커플이 상담자가 제안한 변화를 받아들이지 않는다면 내담자가 까다롭게 행동하고 있는 것이 아니라 상담자가 틀린 것입니다(Lipchik, 2002). 해결의 구축에 있어 상담자는 커플이 변해야 하는 방법이 아닌 그들의 재능, 성취, 그리고 미래에 대한 꿈을 찾도록 돕는 것입니다.

가정적 언어로 질문 만들기

가정의 언어는 해결을 구축하는 질문의 개발에 매우 중요합니다. 『Words Were Originally Magic』(1994)이라는 책에서 드세이저는 상담은 사람들 사이에서 교환되는 단어에 불과하지만 사용된 단어가 대화에 미치는 영향은 매우 크다고 말합니다. 단어 또는 언어는 우리가 세상과 상호작용하기 위해 사용하는 도구이며, 우리가 사용하는 단어에 따라 원하는 변화를 만들 수 도 있고 또 그에서 멀어지게 할 수도 있습니다. 질문을 만들 때 '만일(if)'이 아닌 '…때(when)'를 사용하거나 '만일 그것이 이루어진다면'보다는 '그것이 이루어졌다고 가정해 보세요'라는 문구를 사용할 때, 커플은 그들의 세계를 현실적인 용어를 사용해 설명할 수 있습니다. 상상을 요하는 질문에 대답하는 것은 단순히 가설적 질문에 답하는 것과는 매우 다릅니다.

가정적 언어는 또 다른 유용한 목적을 위해 활용되기도 합니다. 그것은 그들의 관계를 향상시킬 수 있는 커플의 능력에 대한 상담자의 믿음을 전달하는 것입니다. 종종 이러한 가정만으로도 커플이 그들의 관계에서 긍정적인 변화를 만들어가는 것을 도울 수 있습니다.

해결구축의 질문은 그 유용함을 극대화시키기 위해 신중하게 구축되어야 합니다. 상담자들은 질문에 대한 답을 듣기 전까지 그 질문이 도움이 되는 것인지 알 수 없지만 우리는 항상 커플의 능력에 대한 근본적인 믿음이 전달될 수 있는 질문을 만들어야 합니다.

다양한 해결중심질문의 예

다음은 커플과 해결중심대화를 나누는 다양한 단계에서 활용될 수 있는 질문목록입니다. 이것은 해결중심질문을 대표하는 목록은 아니지만 나의 경험에서 도움이 되었던 다양한 질문을 모은 것입니다.

1단계: 방향 설정

- 이 만남에서 '가장 바라는 희망'은 무엇인가요?
- 상담에 오신 것이 당신의 관계에 어떤 변화를 만들길 바라시나요?
- 당신이 '가장 바라는 희망'은 무엇인가요?
- 이 상담을 통해 당신의 배우자가 '가장 바라는 희망'은 무엇

인가요?
- 대신 어떤 일이 일어날까요?
- 그런 일이 벌어지는 것을 어떻게 알 수 있을까요?
- 여기에 오셨던 것이 도움이 되었다는 것을 어떻게 알 수 있을까요?
- 여기에 오셨던 것이 당신에게 도움이 되었다는 것을 배우자는 어떻게 알 수 있을까요?
- 여기에서 어떤 일이 있어야 두 분이 시간 낭비가 아닌 도움이 되었다고 보실까요?
- 성공적인 상담 후 두 분의 관계가 어떻게 달라지길 바라시나요?

모든 질문이 상담 후 관계가 어떤 모습일지에 초점을 맞추고 있음을 주목할 필요가 있습니다. 해결구축은 그 시작부터 종결을 염두에 둡니다. "제가 어떻게 도울 수 있을까요?" "오늘 여기에 어떻게 오셨나요?" 또는 "어떤 얘기를 나누고 싶으세요?"와 같은 질문들은 원하는 미래보다 문제에 대해 말하도록 초대하는 것이기 때문에 적절한 질문이 아닙니다.

2단계: 커플과의 연결

- 두 분은 어떻게 만나셨나요?
- 어디 출신이신가요?
- 자녀가 있으신가요?
- 어떤 일을 하시나요?
- 어떤 학교를 다니세요?
- 즐거움을 위해 무엇을 하시나요?
- 두 분의 관계가 제일 좋았을 때 두 분은 즐거움을 위해 무엇을 하셨나요?
- 배우자의 가장 좋은 점은 무엇인가요?
- 배우자의 어떤 점 때문에 사랑에 빠지셨나요?
- 두 분이 미래를 함께 하고 싶다는 것을 깨닫는 데 얼마나 걸리셨나요?
- 관계의 초기에 무엇을 보시고 배우자가 당신에게 로맨틱한 관심이 있다는 것을 아셨나요?
- 두 분이 함께 일구신 삶에서 가장 즐기는 것은 무엇인가요?
- 두 분의 관계가 다시 한번 최고의 상태가 되었을 때 가장 많은 영향을 받을 사람은 누구인가요?
- 두 분이 가장 좋았을 때에 대해 자녀들이 알고 있나요?

- 자녀 중 당신이나 배우자의 가장 좋은 점을 닮은 아이가 있나요?
- 이제 제가 두 분에 대해 조금 더 알게 되었는데 두 분은 저에 대해 질문이 있으신가요? 저에 대해 궁금하신 점이 있으신가요?

질문들이 커플에 관한 것이 아니라 그들의 강점과 최고의 자질에 관한 것임을 주목해야 합니다. 이러한 질문 중 어떤 것은 커플을 둘러싼 지지체계(일, 가족 등)에 포함된 사람들을 대화에 끌어들이는 것인데, 이러한 사람들은 나중에 제삼자 질문을 통해 해결구축의 과정에도 포함될 수 있습니다.

3단계: 허니문 대화

- 두 분이 관계를 시작하실 때 상대가 당신의 관심에 대해 알도록 어떻게 하셨나요?
- 두 분이 만난 순간부터 가장 행복한 시간까지 관계가 성장할 수 있도록 각각 어떤 역할을 하셨나요?
- 두 분의 관계가 그렇게 성장할 수 있도록 했던 방법은 무엇인가요?

- 당신에게 배우자분을 행복하게 만들 수 있는 능력이 있다는 것을 어떻게 알 수 있도록 하셨나요?
- 관계가 발전하며 당신이 배우자와 가족에게 맞는 사람이라는 것을 어떻게 보여 주셨나요?
- 배우자의 어떤 점이 이 관계에 들어선 것이 잘한 일이라는 것을 알게 했나요?
- 과거 두 분의 관계를 도왔던 특징이 여전히 존재한다는 것을 현재 무엇을 보고 알 수 있나요?
- 만약 우리에게 두 분의 연애 초기 데이트 장면에 대한 비디오테이프가 있다면 두 분이 사랑에 빠져 있다는 것을 비디오를 보는 사람들이 어떻게 알 수 있을까요?
- 또 무엇이 있나요?
- 또 무엇이 있나요?
- 또 무엇이 있나요?

이 질문들의 공통된 주제는 커플의 행복했던 과거에 대한 디테일, 그것을 어떻게 만들어 냈었는지, 그리고 그렇게 할 수 있도록 어떤 방법을 활용했는지에 대해 자세히 알아보는 것입니다. 커플들은 종종 그들의 관계를 의도적인 창조가 아닌 우연한 행동의 결과로 봅니다. 이러한 형태의 질문을 함으로써 커플은 그들의 행복했던 과거에 자신들의 역할이 있었다는 것을 깨닫기 시작하고 행복한 미래를 만드는 역할도 수행할 수 있음을 깨닫게 됩니다.

4단계: 원하는 미래

- 오늘 주무시는 동안 기적이 일어나 가장 행복했던 상태로 두 분의 관계가 돌아가는 것을 상상해 보세요. 일어나서 처음으로 무엇을 보실까요?
- 배우자는 무엇을 보실까요?
- 뭔가 다르다는 것을 알게 하는 가장 작은 단서는 무엇일까요?
- 내일 아침 일어나셔서 당신과 배우자에게 옳았던 방식으로 두 분의 관계를 다시 구축할 수 있는 최선의 방법을 다시 한 번 활용한다고 가정해 보세요. 뭐가 다를까요?
- 다른 점들은 어떤 모습인가요?
- 당신은 배우자에게 당신의 그러한 다른 점들을 기대하도록 어떻게 알리시겠어요?
- 오늘 밤 두 분이 주무시는 동안 두 분의 관계가 자녀를 갖기 전 경험했었던 행복한 시절로 되돌아갔다고 상상해 보세요. 아이들은 뭐가 다르다고 할까요?
- 이 기적이 일어난 날 직장에서 동료들은 당신에 대해 뭐가

- 다르다고 할까요?
- 배우자께서는 기적이 그에게도 일어났다는 것을 당신에게 어떻게 알려줄까요?
- 이것이 당신에게 어떤 차이를 만들까요?
- 이것이 당신의 배우자에게 어떤 차이를 만들까요?
- 또 뭐가 있죠?
- 또 뭐가 있죠?
- 또 뭐가 있죠?

여기서 사용된 질문들은 원하는 미래의 모습을 그리고 그것에 대한 가능한 한 많은 정보를 얻을 수 있도록 고안된 것입니다. 원하는 미래가 더욱 풍성하고 구체적일수록 그것은 더욱 의미가 있고, 커플은 더욱 더 그것을 향해 나가도록 노력할 수 있습니다.

5단계: 척도

- 0에서 10 사이의 척도에서 10은 두 분의 관계가 가장 좋았던 때로 돌아간 날이고 0은 그것으로부터 가장 먼 것을 의미할 때 오늘 두 분은 어디에 계신가요?
- 상담자에게 도움을 받아야겠다고 결정한 날 두 분은 척도

의 어디에 계셨나요?
- 누구도 완벽하지 않고 누구도 항상 10에 있을 수는 없기 때문에 성공적인 상담을 마치고 두 분은 척도의 어디쯤에 있고 싶으신가요?
- 1점이 올라갔다는 것을 어떻게 아실까요?
- 배우자께서 1점이 올라갔다는 것을 어떻게 알 수 있을까요?

척도질문을 할 때 상담자는 원하는 미래를 향한 그들의 움직임을 측정하기 위해 커플의 세계관을 활용해야 합니다. 따라서 척도의 점수를 정의하기 위한 질문에서 상담자의 말이 아닌 커플의 언어를 사용하는 것이 중요합니다.

6단계: 끝맺음

- 다음 며칠 또 몇 주 동안 두 분의 관계에서 당신의 강점이 좀 더 큰 역할을 할 수 있도록 하고, 또 그것이 척도 위에서 당신의 점수에 어떤 역할을 하는지 관찰하실 수 있으실까요?
- 이번 주에 이 회기가 도움이 되었다는 것을 알려 주는 모든 단서를 관찰하고 그것이 척도 위에 당신의 점수에 어떤 영향을 미치는지 관찰해 주실 수 있을까요?

- 이번 주에 하루에 한 시간을 골라 마치 기적이 일어난 것처럼 행동해 보세요. 서로에게 최선을 다하는 것을 보며 자녀들은 어떻게 반응하는지 관찰해 보세요.

앞의 질문들은 커플의 언어를 활용해 제안을 만들 수 있는 예를 보여 줍니다. 내가 항상 제안을 하는 것은 아니지만 그렇게 할 때 제안은 항상 커플의 고유한 언어와 그들의 세계관으로부터 나옵니다.

다음 단계로 나아가기

한 단계에서 다음 단계로 대화가 옮겨갈 때 가장 고려해야 할 조건은 시간입니다. 각 단계별로 어느 정도의 시간을 할애해야 할까요? 정해진 답은 없습니다. 전형적인 상담 회기는 한 시간 정도 진행되며 모든 단계는 주어진 시간 내에 완성되어야 합니다. 따라서 시간을 관리하는 것은 상담자의 몫이지만 상담 활동의 목적은 가능한 모든 상세한 정보를 축적하는 것입니다. 예를 들어, 한 커플이 허니문 대화를 특히 잘 수행하고 있다면 너무 성급하게 다음 단계로 진행할 필요는 없습니다. 나중에 잃은 시간을 만회할 수는 있지만 말하지 못한 정보는 영원히 사장될 것입니다.

• • •

상담자는 항상 상담이 어떤 단계에 있는지 인식하는 것이 중요합니다. 이는 질문의 순서가 매우 중요하기 때문입니다. 해결중심상담에서 다음 질문은 항상 내담자의 이전 대답으로부터 구축됩니다. 연결되지 않는 질문은 상담이 어디로도 갈 수 없게 합니다. 크리스 이브슨(개인대화, 2009)은 해결중심회기의 단계를 각각 나눠진 여러 개의 방으로 생각합니다. 따라서 상담자가 묻는 질문은 현재 상담자가 위치한 방에 적절해야 합니다. 목표는 커플의 개인적 강점에서 시작해 과거의 성공과 원하는 미래로 옮겨갈 수 있는 대화를 구축하는 것이며, 가장 성공적인 대화는 그 시작부터 성공적입니다.

Solution Building

in Couples Therapy

효과가 있는 것이 진실이다.

— 윌리엄 제임스

마치며

이 책은 내가 직접 커플들과 진행하는 해결중심상담 방법들로 구성되었습니다. 이 책의 목적은 내 방식을 독자들이 따라하도록 하는 것이 아니라 각 현장, 예를 들면 커플상담에서 유용하게 활용할 수 있는 해결중심상담의 실천적 방법을 나누기 위함입니다.

여기서 강조하고 싶은 것은 해결중심상담의 중심 가정으로서 '희망'이라는 단순한 생각입니다. 이 방식으로 많은 내담자와 효과적인 상담을 진행했습니다.

상담사가 된 후 나는 많은 상담자가 어렵다고 말하는, 지역 법원에서 의뢰된 내담자인 청소년과 그들의 가족을 만나면서 해결중심상담의 힘을 직접 경험했습니다. 나의 내담자들도 나와 상담 팀원들에게 상담에서 나눈 대화가 도움이 되었다고 말했습니다. 비록 내 동료들 중 많은 사람이 충분한 증거에도 불구하고 (Macdonald, 2007) 해결중심상담이 '중기기반'의 접근이 아니라고 믿었지만 내게 필요했던 증거는 나의 내담자들에게서 나온 것입니다.

약물프로그램을 운용했던 판사 한 분은 내 슈퍼바이저에게 전화를 걸어 내 방법이 다른 상담자들과 어떻게 다른지 문의하기도 했습니다. 나의 내담자들이 최대 9개월 안에 프로그램을 마치는 동안 다른 상담자들의 내담자들은 18개월이 지나도 프로그램을 끝내지 못하는 경우가 많았습니다. 이것이 바로 그 증거입니다.

그 다음 기관에서 만난 내담자들 역시 해결중심상담에 대한 나의 믿음을 유지할 수 있도록 해 줬습니다. 그곳에서 나는 커플상담과 사랑에 빠졌습니다. 많은 커플이 내가 묻는 질문에 긍정적으로 반응했습니다. 관계가 새로워졌고 결혼생활도 좋아졌습니다. 가족들은 다시 화합했습니다.

이런 결과들도 부정할 수 없지만 내담자의 삶에 변화를 만들어 낸 나의 방법에 대한 구체적인 증거는 첫 커플에게 받은 크리스마스카드입니다. 이혼의 위기에 있었던 커플이 행복한 삶을 되찾고 가족사진에 감사의 말을 적어 보냈는데 아직도 나의 사무실에 잘 간직하고 있습니다. 나는 그 카드를 그동안 만난 다른 내담자들에게서 받은 카드들과 함께 '희망의 책장'에 보관하고 있습니다.

졸업사진

스티브와 메리는 큰 아들의 학교 문제로 상담을 시작했습니다. 아들은 학교에서 몇 번인가 정학을 받았고, 최근에는 마리화나 소지로 경찰에 체포되기도 했습니다. 아들은 부모를 비난했습니다. 부모의 끊임없는 싸움을 견딜 수 없다고 했습니다.

스티브와 메리는 자신들에게 문제가 있음을 알았지만 그것이 아들에게 어떤 영향을 미치는지 몰랐습니다. 고등학교 1학년이던 아들은 이전에는 공부도 운동도 잘 하는 학생이었습니다. 아들의 문제는 스티브가 직장에서 퇴직을 당했을 때부터 시작되었습니다.

그 커플과의 첫 회기에서 나는 "만일 커플로서 가장 행복했던 시간이 다시 돌아오는 기적이 상담 후 계속된다면 그것을 어떻게 알 수 있을까요?"라고 물었습니다. 스티브와 메리는 그 답은 아들로부터 올 것이라고 말했는데 아들의 행동이 훌륭한 학생과 선수였던 때와 같아질 것이라고 했습니다. 4회기 동안 스티브와 메리는 사랑을 재발견했고 상담을 중단해도 될 정도로 삶에서 상당한 변화를 만들어 낼 수 있었습니다.

나는 스티브와 메리가 아들의 고등학교 졸업사진을 보내기 전까지 일 년 반 동안 그들에게서 어떤 소식도 듣지 못했습니다. 그들은 사진 뒤에 "고맙습니다. 드디어 아들이 해냈습니다!"라고 썼습니다.

결혼 청첩장

데일과 로라를 처음 만났을 때 나는 그들이 서로에게서 무엇을 보는지 알 수 없었습니다. 그들은 서로에게서 무엇을 보고 있는지 말을 하지 못했습니다. 첫 2회기를 말다툼으로 보냈습니다. 내가 알 수 있었던 건 그들이 관계를 재정립하고 싶다는 것이었고, 상담을 통해 그들의 결혼에 대해 재고해 볼 수 있기를 바랄 뿐이었습니다.

데일과 로라는 중년의 커플이지만 두 사람 모두 첫 번째 결혼을 앞두고 있었습니다. 그들은 자주 다퉜고, 험악해져 서로에게 상처를 줬습니다. 내 눈앞에서 펼쳐지는 그들의 싸움을 보면 상황이 달라지지 않는 한 서로 결혼할 생각이 없다는 걸 알 수 있었습니다.

3회기에서 드디어 기적질문을 할 수 있었습니다. "내일 아침에 일어나서 두 분의 관계가 결혼을 향한 것으로 달라져 있다고 상상을 해 보세요. 그 변화를 어떻게 알아보실까요?" 질문에 대한 상세한 답변이 나오자 그들의 관계가 대화를 하는 과정에서 바로 변하기 시작하는 것을 볼 수 있었습니다. 그러한 변화는 회기 내내 지속되었습니다. 데일과 로라는 함께 고양이 한 마리를 입양했고, 어느 집에서 살림을 차릴지 결정했으며, 그들의 재산을 어떻게 관리할지에 대한 원칙에 합의했습니다. 그렇게 그들의 언쟁은 끝났습니다. 마지막 회기 6개월 후 데일과 로라는 다시 한번 상담약속을 잡고자 전화를 했습니다. 그들은 관계가 얼마나 좋아졌는지 나누고 싶어 했습니다. 결혼 청첩장도 함께 말입니다.

임신 소식

조와 제니퍼의 이야기는 상담자로서 만난 가장 감동적인 사례입니다. 제니퍼는 조가 동료와 불륜관계에 있다는 것을 알고 나를 찾아왔습니다. 그녀는 당연히 이 일로 상처를 받았지만 그럼에도 조와의 관계를 유지하길 원했습니다. 그녀는 아이를 한 명 더 낳고 싶어 했지만 남편은 원하지 않았기 때문에 조가 화가 났다고 생각했습니다.

조를 상담에서 만나기 전 제니퍼를 두어 번 더 만났습니다. 함께 한 우리의 첫 회기에서 조는 불륜을 저지른 자신에게 실망하고 있음이 역력했고, 그 또한 부인과의 관계를 회복하고 싶어 했습니다. 둘째 아이에 대한 이야기에서 조는 그가 걱정하는 오직 한 가지는 제니퍼의 건강뿐이라고 했습니다. 첫 임신에서 건강에 심각한 문제가 있었기 때문에 둘째를 갖는 것에 걱정이 많았습니다.

그들이 원하는 미래에 대한 대화를 나누며 두 사람은 다시 신뢰를 구축하고 둘째 아이에 대한 가능성에 대해 이야기를 했습니다. 대화를 할수록 좀 더 긍정적이며 미래지향적이 되었습니다. 무엇이 잘못된 것인지에 대해서보다 그들이 바라는 미래가 어떤 모습일지에 대해 더 많은 이야기를 나눴습니다.

조와 제니퍼를 세 번째 만났을 때 조는 다른 부서로 발령을 받아 이사를 해야 했습니다. 그 시점에서 그들의 관계는 좋아지고 있었지만 아이에 대한 결정에는 아직 이르지 못한 상태였습니다.

나는 이 이야기의 결론이 이메일로 전해지기까지 일 년 이상을 기다렸습니다. 조와 제니퍼는 내게 쌍둥이의 초음파사진을 보내줬습니다. 아이들과 산모 모두 건강했습니다.

결론

이와 같은 이야기들은 내게 문제대화에서 원하는 미래에 대한 대화로 상담의 초점을 옮기는 중요성에 대해 다시금 생각하게 합니다. 나는 많은 상담자가 내담자들의 삶에서 경험하는 문제의 근원적 원인을 계속해서 탐색할 것이라는 사실을 이해하고 있습니다.

또한 그러한 탐색이 유용하고 가치가 있다는 것에 대해 의심하지 않습니다. 그럼에도 이 책에서 소개한 많은 종류의 변화를 계속해서 목격하는 한, 앞으로도 나는 커플내담자들에게 있어 최선의 방법이 무엇인지 탐색할 것이고, 그들이 문제를 뒤로하고 앞으로 나갈 수 있도록 도울 것입니다.

참고문헌

Connie, E., & Metcalf, L. (2009). *The art of solution focused therapy*. New York, NY: Springer.

Corey, G. (2001). *Theory and practice of counseling and psychotherapy* (6th ed.). Belmont, CA: Wadsworth Press.

De Jong, P., & Kim Berg, I. (2008). *Interviewing or solutions* (3rd ed.). Belmont, CA: Thomson Brooks/Cole.

De Shazer, S. (1985). *Keys to solution in brief in brief therapy*. New York, NY: W.W. Norton & Company.

De Shazer, S. (1988). *Clues: Investigating solutions in brief therapy*. New York, NY: W.W. Norton & Company.

De Shazer, S. (1994). *Words were originally magic*. New York, NY: W.W. Norton & Company.

De Shazer, S., Dolan, Y., Korman, H., Trepper, T., McCollum, E., & Berg, I. K. (2007). *More than miracles: The state of the art of solution-focused brief therapy*. Binghamton, NY: The Haworth Press.

George, E., Iveson, C., & Ratner, H. (2006). *Problem to solution: Brief therapy with individuals and families* (2nd ed.). London, England: Brief Therapy Press.

George, E., Iveson, C., & Ratner, H. (2011). *Briefer: A solution focused manual*. London, England: BRIEF Therapy Press.

Haley, J. (1984). *Ordeal therapy*. San Francisco, CA: Josey Bass.

Haley, J. (1993). *Uncommon therapy: The psychiatric techniques of Milton H. Erickson MD*. New York, NY: W.W. Norton & Company.

Lipchik, E. (2002). *Beyond technique in solution focused therapy: Working with emotions and the therapeutic relationship*. New York, NY: The Guilford Press.

Macdonald, A. (2007). *Solution-focused therapy: Theory, research &*

practice. London, England: Sage Publications.

Minuchin, S. (1974). *Families and family therapy*. Cambridge, MA: Harvard University Press.

Walter, J., & Peller, J. (1992). *Becoming solution focused in brief therapy*. New York, NY: Taylor and Francis Group.

Zeig, J., & Gilligan, S. (Eds.). (1990). *Brief therapy: Myths, methods, and metaphors*. New York, NY: Bruner/Mazel.

커플을 위한 해결중심대화
-우리 어떻게 만났죠?-

Solution Building in Couples Therapy

초판 1쇄 인쇄 2021년 4월 20일
초판 1쇄 발행 2021년 4월 25일

지은이 엘리엇 코니
옮긴이 최중진
발행인 김진환

발행처 이너북스 **주소** 서울특별시 마포구 양화로 15길 20 마인드월드빌딩
대표전화 02-330-5114 **팩스** 02-324-2345
출판신고 2006년 11월 13일 제313-2006-000265호
홈페이지 http://www.hakjisa.co.kr

ISBN 978-89-92654-61-6 03180

정가 14,000원

※ 잘못된 책은 구입하신 곳에서 바꾸어 드립니다.
※ 이너북스 는 (주)학지사의 단행본 브랜드입니다.

출판 · 교육 · 미디어기업 학지사

간호보건의학출판 **학지사메디컬** www.hakjisamd.co.kr
심리검사연구소 **인싸이트** www.inpsyt.co.kr
학술논문서비스 **뉴논문** www.newnonmun.com
원격교육연수원 **카운피아** www.counpia.com